乡村振兴背景下农村金融发展提质增效策略研究

丁 毅 著

中国农业出版社
农村读物出版社
北 京

图书在版编目（CIP）数据

乡村振兴背景下农村金融发展提质增效策略研究 / 丁毅著. —北京：中国农业出版社，2023.1
ISBN 978-7-109-29490-5

Ⅰ.①乡… Ⅱ.①丁… Ⅲ.①农村金融-经济发展-研究-中国 Ⅳ.①F832.35

中国版本图书馆 CIP 数据核字（2022）第 094960 号

XIANGCUN ZHENXING BEIJINGXIA NONGCUN JINRONG FAZHAN TIZHI ZENGXIAO CELÜE YANJIU

中国农业出版社出版
地址：北京市朝阳区麦子店街 18 号楼
邮编：100125
责任编辑：周益平　　文字编辑：李海锋
版式设计：杨　婧　　责任校对：吴丽婷
印刷：三河市国英印务有限公司
版次：2023 年 1 月第 1 版
印次：2023 年 1 月河北第 1 次印刷
发行：新华书店北京发行所
开本：700mm×1000mm　1/16
印张：9.5
字数：180 千字
定价：68.00 元

前言
FOREWORD

金融体系作为一个国家社会资本形成与有效配置的一种制度安排，其是否合理并具有效率，是关系国民经济能否持续发展的关键。农村金融以信用手段动员、配置、管理涉农金融资源运行的活动，是农业和农村经济发展的核心。改革开放以来，我国农村的金融状况的改善，极大推动了农业和农村发展，支农绩效明显。但是，现有的农村金融制度仍不能满足农村经济多层次、多元化、分散性的需求。农村金融机构内部治理混乱、管理水平低，正规金融效率低下，即便是进行了一系列改革，也没有完全达到预期的目标和效果，农村的绝大多数贷款需求不能得到满足。现今在我国城市金融体制改革步伐逐步加快和金融全球化的大背景下，迫切需要对我国农村金融自身健康发展的问题进行积极的理论探索和创新。

目前，我国农村金融服务体系存在的不足已严重制约了“三农”问题的解决和社会主义新农村建设的快速发展，因此构建一个功能完善、高效、多层次、广覆盖、可持续的农村金融体系显得尤为迫切。本书从我国农村发展对金融需求的实际出发，总结分析了我国农村金融发展的历程以及农村金融服务体系存在的缺陷，进而对我国农村商业性金融、农村合作金融、农村政策性金融、农业保险、农村民间金融、农村新型金融组织、农村互联网金融以及农村金融服务创新等方面存在的问题进行剖析，根据我国目前农村改革与发展的具体情况，分别从不同的角度提出了现有农村金融机构改革发展的相关对策。

经济与金融发展的理论与实践证明，金融作为市场经济发展的核心，是国家和地区经济发展的主要推动力，金融的发展水平关系到经济增长和人民收入水平的提高。解决“三农”问题，离不开资金的支持，而目前农村发展缺乏的恰恰是资金。因此，当前我们需要加强对农村金融问题的研究和探讨，以尽快找到推动经济增长的突破口。

基于我国农村目前发展的现状，在短时间内解决好农村金融改革与发展问题，存在着很大的难度，需要克服很多的困难，这就需要各方面理论工作者和金融机构的专业人士，群策群力，共同努力，探索适合我国农村发展的农村金融服务体系和金融发展模式。

本书是基于吉林省哲学社会科学基金项目《吉林省农业数字供应链金融的培育策略研究》（2022J42）的研究成果所形成的著作，为项目研究系列成果之一。感谢吉林师范大学学术著作出版基金资助了本书的出版。受限于本人自身水平和能力，以及资料的可得性，书中难免有不足之处。本书内容是在本人近十年的研究和国内外学者、业内人士研究实践基础上总结而成，作者参阅了各种研究报告和论文，难以一一列明，在此一并致谢，除正文中注明引用出处之外，其他可见书后的参考文献。更有一些资料来自网络和内部报告，来源或作者难免出现张冠李戴以及引述错误，敬请谅解，作者文责自负。感谢范立君教授、张立峰教授、李海波教授、刘鹏飞教授、赵志勇教授、王铁锋教授、王震教授、姜耀武副教授、邢欣欣副教授、鲍庆晗副教授等师长和朋友的大力支持和帮助。对于本书疏漏错误及不足，敬请广大读者雅正！

目录
CONTENT

第一章　绪　论

我国农村金融改革的脚步始终没有停歇，农村金融改革也取得了较好的成效，服务于“三农”的资金也不断增加，有效促进了我国农村各项事业的快速发展。

第一节　农村金融发展改革的历程

一、农村金融体制改革的发展过程

我国经济改革与制度变迁战略一致，农村金融改革与制度变迁，也采取了一种渐进式的改革与变迁战略。从1970年代末期到2007年年初，先后已经实施的农村金融领域内的改革和创新举措主要包括：①恢复成立中国农业银行；②对农村信用社放权让利，下放经营权；③恢复农村信用社的“三性”，中国农业银行推行经营责任制；④中国农业银行企业化经营、商业化发展；⑤成立中国农业发展银行，农村信用社与中国农业银行脱钩；⑥按照合作制原则重新规范农村信用社；⑦按照三种产权模式和四种组织形态明晰农村信用社产权，管理权力下放给省级政府；⑧允许产业资本和民间资本到农村地区新设中小金融机构。这些改革和创新举措的实施，一是促进了农村金融供给机制的逐渐完善；二是实现了机构的多元化局面。2003年开始试点、2004年全面启动的农村信用社领域内的新一轮改革，带来领域内具有同质性的农村信用社机构的分化和演进，机构多元化效应是比较明显的。

正是由于这个过程的渐进性，因此持续的时间比较长，实现的成本较高。农村金融改革和制度变迁的过程，实际上也是一个利益的重新调整过程。在这个过程中，因为改革和制度变迁的时间较长，改革不能尽快到位，而改革推动者又总是急于见到成效，所以往往出现改革举措实施的频率较高，政策多变的情况。这样，一是使得改革的参与者和利益相关者对改革的预期和目标缺乏正确的把握，要么无所适从，要么消极对待，这就是1980年代初以来，农村金融领域内的一些改革举措没有得到正确实施或者效果没有达到改革设计者初衷的重要原因；二是导致改革成本巨大，还产生了一些非预期成本。国有商业银行的改革、2003年开始试点和2004年启动的农村信用社改革，之所以成本如此巨大，与中国金融领域的渐进式改革战略不无相关。

二、农村金融体制改革的强制性制度变迁过程

我国农村金融机构的改革过程是政府主导的强制性的自上而下的机构演进，属于强制性的制度变迁。政府推动的优点在于，新制度安排取代旧制度安排的摩擦阻力较小，改革能够很快到位，能够减少制度变迁的成本。但也导致了自下而上的诱致性制度变迁的创新路径被严重堵塞，也可以说是以政府为主导的强制性制度变迁排斥压制自下而上的诱致性制度变迁。而且，这种路径的依赖和演进，与我国农村经济体制的自下而上的诱致性制度变迁路径背道而驰。政府成为农村金融体制唯一合法的供给主体，导致内生于广大农村融资中的非正规组织和制度的变迁成本高昂（包括经济成本和意识形态成本），不能得到合理的演进和正常的发展，农村金融制度创新中自下而上的变迁路径被堵塞了，而内生于农村金融中的诱致性的制度变迁正是农村社区互助合作金融组织诞生壮大的重要制度之源。其结果是金融市场融资制度供给严重不足。

（1）政府往往是从自身需求出发来推进改革，从便于管理和控制的角度出发来界定改革的目标和战略、设计改革方案，很多方面与市场需求脱节，引起制度供给不足。农村金融领域的制度供给不足主要表现在农村金融领域内正规金融的供给不足，这一点在中西部欠发达地区和传统农区表现尤为突出。一是国有商业银行改革发展战略实施的结果，远离农户和农村中小微企业；二是政策金融的供给不足，一种持续向农户和小微企业提供政策金融服务的机制还没有建立起来；三是在政府原有的农村信用社改革战略导向下，在乡镇农村信用社→县级农村信用社联社→省级农村信用社联社框架下，没有建立起一种有利于农村信用社市场主体地位提高、可持续发展能力意识增强的机制。

（2）在增强实力、提高竞争能力、利于监管和强化监管的意识支配下，政府主导的改革和制度变迁，往往陷入政府权力扩张的怪圈，“贪大求洋”。2003年开始试点和2004年全面启动的农村信用社领域内的新一轮改革，虽然设计了“三种产权模式”和“四种组织形式”，但实施的普遍结果却是一个做大的概念，合并和扩大法人，做大机构。从增强实力的角度来讲是有好处，搞县级联社、省联社也是非常必要的；但是，从满足需求角度而言，大银行在满足小额资金需求方面是不及小银行的。就整个社会的经济活动主体而言，可以说80％甚至更高比例的部分实际上均是小额资金需求者，需要与它距离更近的一些机构，农户和中小微企业更是如此。在满足农村金融需求方面，小银行的优势要比大银行更加突出。

三、农村金融体制改革的逐渐市场化的过程

市场化的过程，实际上就是一个政府逐渐放松市场准入垄断与管制，通过构建公平的市场准入和退出机制，更多地利用市场机制发挥作用的过程。农村金融市场化，具体表现为操作手段市场化和机构运作机制市场化。衡量农村金融领域市场化的程度，可以利用三个指标：一是农户和企业通过直接融资方式实现的融资占融资总量的比重；二是农户和企业从非合作金融渠道与非政策性渠道得到的融资占融资总量的比重；三是民间私人资本和合作制形式的金融机构占金融机构总数的比重。放松金融管制和促进金融创新是建立市场化农村金融体系的必要条件。

近年来，我国农村金融市场在利率上限、市场准入和金融业务创新等方面的管制逐步放松。这主要表现在以下三个方面：

（1）逐步放松农村地区贷款利率管制。考虑到农村金融操作成本高、风险大的实际情况，2003 年 8 月，在推进农村信用社试点改革的同时，允许试点地区农村信用社的贷款利率上浮不超过贷款基准利率的 2 倍。2004 年 10 月 29 日，中国人民银行放开了商业银行贷款利率上限，而农村信用社贷款利率浮动上限也扩大到中国人民银行基准利率的 2.3 倍。对于试点成立的小额贷款公司，贷款利率被限制在 4 倍基准利率浮动。农村地区贷款利率的逐步放开，有利于农村金融机构根据成本覆盖风险原则，合理定价，实现自身财务可持续发展。

（2）逐步放松农村金融机构市场准入条件。我国农村人口比重大，农业生产还相对落后，需要在农村地区有多种形式的、能够提供不同层次服务的金融机构。基于农村金融市场多样性的特点，我国在改革过程中逐步放松了对农村金融机构的市场准入。近年来成立了包括村镇银行、农民资金互助社以及小额贷款公司等在内的新型农村金融机构，在最低注册资本、存款准备金、资本充足率等方面有着比商业银行更低的要求，较低的门槛为资本流入农村和设立农村金融机构创造了条件。

（3）逐步放松农村金融机构业务创新的限制。近几年，为适应不同层次、不断变化的农村金融需求，各地涉农金融机构和组织在农村金融产品创新方面，进行了一些有益探索。中国人民银行、银监会等部门也积极引导各类农村金融机构开展信贷创新，鼓励开展订单农业质押贷款、农村合作组织的联合信用贷款和林权抵押贷款等。

四、农村金融服务水平得到改善的过程

农村金融服务水平的改善主要体现在以下两个方面：

(1) 转变扶贫贴息贷款发放方式，给农户和金融机构双向支持。扶贫贴息贷款运作20多年来，在帮助贫困农户获得信贷资金支持方面发挥了一定作用，但由于传统扶贫贷款运作规模小，额度低，单位运营成本高，运作效率低，出现贷款到户率低和贷款放不出去双重矛盾，经办机构和农户双方受益较低，扶贫效果不显著。2006年以后改革了扶贫贷款管理体制，提出了两种可供选择的扶贫贷款补贴方式。其一，财政贴息资金建立扶贫贷款担保基金，给发放扶贫贷款的金融机构提供风险补偿；其二，直接补贴给农户，或将全部财政贴息资金下放到县，直补给经办机构或受贷农户，这种政策转变旨在重点鼓励直接补贴到贫困户和项目实施单位。

(2) 在推进农村信用社改革的同时，探索适合农户需要的小额信用贷款和联保贷款。一是为全面改善农村信用社自身经营状况，更好地发挥其职能作用，自2003年3月以来，通过实施专项票据、支农再贷款、扩大利率浮动和优惠存款准备金率等支持政策，加快推进农村信用社改革，使其建立有效的法人治理结构，并增强可持续发展能力。二是自1999年以来农村信用社大力推广小额农户信用贷款和联保贷款方式，农户通过参加信用社的信用评级或者参加农户之间到五户、十户联保，可以不用提供额外的抵押担保品而获得农村信用社的贷款。这是对解决农户缺乏抵押担保的重要探索，对解决农民贷款难问题具有重要意义，取得了非常好的经济效果和社会反响。近年来，新型农村金融机构探索尝试了不同形式的小额贷款方式。实践证明，小额贷款业务是农村金融机构满足农村金融服务需求，促进农村经济发展的行之有效的方式和手段。

第二节　农村金融系统的结构

我国农村金融体系是为了从各个层次、各种金融形式全面发展农村市场经济的完整支持系统，由不同的金融机构、不同的金融性质以及不同的运作方式组成，其结构组成可以按横向结构、纵向结构和层次结构三种方式划分。

一、横向结构

我国农村金融系统的横向结构是指农村金融机构平面排列方式，也可以理解为在行政管理上互不隶属、独立运作的农村金融机构之间的关系（图1-1）。比如代表政策金融的中国农业发展银行、代表农村商业金融的中国农业银行、代表农村合作金融的农村信用社之间不存在行政隶属关系，但它们都是为农村经济发展服务的独立支持系统，并由此构成了我国农村金融系统。

在农村金融系统横向结构中，中国农业发展银行、中国农业银行、农村信用社、农村保险金融系统等尽管其自身都是资产雄厚、经营范围大、运作复杂的大系统，但都属于中国农村金融系统内部的子系统，在其经营目标上具有高度的一致性，就是为农村经济提供各种金融服务，推进农村经济的全面发展。子系统之间的区别在于金融性质不同所决定的管理方式、运行方式以及经营效果评价的差别。但功能的差异不能影响农村金融系统的总体目标，也就是说，各个子系统只能在大系统的总体目标范围内最大限度地发挥自身的功能作用，不能偏离系统整体的发展方向，破坏农村金融系统的有效性。

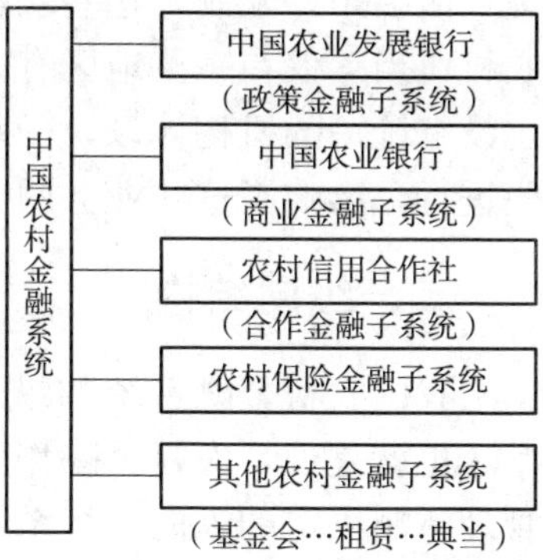

图 1-1 横向结构

从农村金融系统的横向结构中可以看到，各个子系统在产权属性上、经营规模上有很大的差别。属于国家独资的中国农业发展银行、中国农业银行以及中国人民保险集团公司都是规模庞大、分支机构众多、业务领域广阔的超大系统，在农村金融系统中处于支配地位，这就在很大程度上决定了我国农村金融系统的整体属性。

中国人民保险集团公司属于城乡一体化的金融机构，虽然在农村行政机构县一级设立了经营机构，在农村基层设立了保险站、代理保险站等，但在系统构造上没有形成系统化的农村保险金融体系，因此把其划入农村保险金融子系统，这是基于两点考虑，一是从农村金融系统要素上看，农村保险金融是必备要素，没有这一块农村金融系统就会出现功能不全、运作不充分的问题；二是从现实看，农村保险在中国保险金融系统确实有了一定的发展，整体规模也不小，但缺乏统筹管理的系统，因此，列入中国农村金融系统也是有依据的。

农村信用社属于农村集资入股的合作金融，在管理上刚刚脱离农业银行管理系统，步入独立发展轨道，经过几十年的发展，农村信用社资产总量已经很庞大了，完全可以同国家银行比肩。但从系统论的角度看，单元系统过于庞大了，为了使这些单元系统能够集合发挥作用，应进行单元系统组织的协调运作，也就是要尽快建立起农村信用社的组织管理体系，以形成农村金融系统的十分重要的子系统。

农村金融系统横向结构的其他子系统是指各种农村基金会、农业租赁、农村典当等，这是我国农村金融系统中最薄弱的一环。从我国农村经济发展千差万别、区域农村经济多种多样、市场发育严重分化的现实情况来看，各种农村基金会、农业租赁、农村典当等不同的农村金融形式显然都有其生长和扎根的土壤，对发展农村金融系统形式多样的子系统也是必要的。但由于受政策、管理等诸多条件限制，这些农村金融形式都没有得到很好的发展。农村基金会和农村典当等仅在一些地区有一定的规模，大部分农村地区还是空白。农业租赁也没有统一的机构体系，一些租赁业务还是由农业银行和其他金融机构在小规模进行，影响了这些业务的大规模发展。

二、纵向结构

我国农村金融系统的纵向结构是指农村金融机构的纵向排列方式及其关系，也就是说，农村金融作为一个大系统，其内部各个子系统都存在着一个由管理体制决定的纵向运行系统、管理系统和监控系统。

系统论认为，在人类经济生活中，系统都是为了达到人类某种目的而建立的，为了良好地达到这些目的，系统中的元素应有组织地协调运作，这就需要控制。大的系统由小的系统（子系统）有机结合而成，子系统可由更小的系统（二级系统）构成，用这种观点分析系统就是系统的分解。毫无疑问，金融系统作为国民经济的支持系统、调控系统，具有精密化的特征，其纵向结构有高度的协调性（图 1-2）。

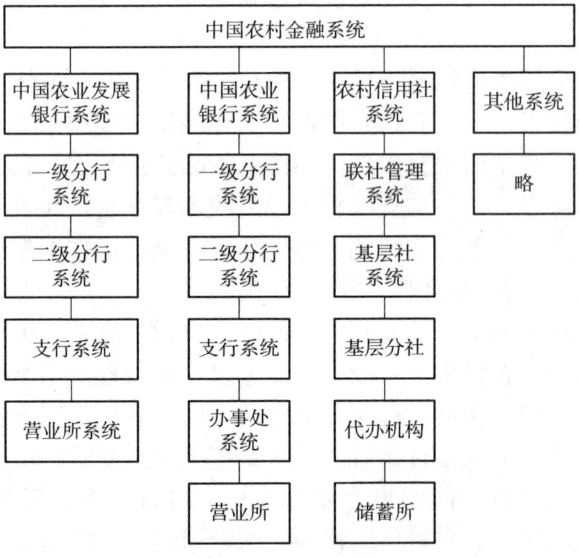

图 1-2　纵向结构

需要说明的是，上述纵向结构仅是按照行政管理体制划分的，事实上，农村金融系统几乎任何一个管理环节都可以构成独立的纵向运转系统。比如在一级法人的法律规定中，国家银行就自然形成了纵向的法人授权管理体系，即总行对一级分行实施授权，一级分行在授权范围内对二级分行转授权，依此类推，直到对基层营业所进行授权，由此形成完整的授权体系，使构成纵向的系统要素都能在授权的范围内运作，从而达到系统管理的目的。

下面对构成农村金融体系的三大主系统的纵向管理结构进行简要分析。

中国农业发展银行在农村金融体制改革完成以后，初步形成了总行→省分行→地、市（含计划单列市）分行→县支行的管理系统。由于中国农业发展银行作为政策银行，必须体现国家的产业政策和政府意图，其项目的申报程序遵循自下而上的双线原则，即政府主管部门一条线、农业发展银行一条线，规模的确定和项目的审批高度集中，这样资金的流向方式是自上而下的，纵向管理的重心是项目所在地的项目运作管理和资金运用管理。按照中国农业发展银行机构发展现状，这种纵向管理的层面主要集中在省分行、地（市）分行和部分县支行。贷款余额不足 5 000 万元的县，其业务由中国农业银行等金融机构代理。

中国农业银行在性质上被认定为国有商业银行，纵向管理主要以体现管理效率和经济效益为主。作为国有商业银行，从资金来源和资金运用的关系看，构成纵向管理的每个次级系统都是一个完整的经营管理系统。在国家现行法律的框架内，由上级系统逐级向次级系统循环授权，在授权的范围内实行自主管理、自我发展。因此，中国农业银行纵向系统管理目标同政策性银行是不一样的，主要考察国家法规和产业政策的执行情况、资产负债比例状况、资产结构质量以及经济效益的实现程度等。这种纵向管理还有一个特征，就是分散管理和集中管理的有机结合，即每个系统单元都是分散独立运行的，但系统内部又保持着高度的集中性和统一性，比如资金的调剂、资源的共享等，以最大限度实现国有商业银行的整体经营目标。

农村信用合作社在性质上的合作性，决定了系统运作的复杂性。过去长时期内由于对农村信用社认识上的局限性，导致了管理上的银行化趋势。按照合作经济的规律，农村信用合作社的管理方式直接取决于农民合作的意愿，由合作各方自主决定。从系统论的观点看，每个农村信用社都是独立的运行系统，其纵向管理应以体现合作各方的整体利益为主。很显然，现时的农村信用社仍然体现了银行化管理方式，基层信用社缺乏必要的自主权，其纵向管理的特征是集中统一的，离合作经济的要求相距甚远，其自身也难以构成独立的系统。我们说农村信用社是独立的系统，是从县、省甚至国家行政管理角度看，存在着很大的主观随意性。事实上应该以一定区域内农民自愿出资组建的信用社为考察对象，并以此构建农村信用社的纵向管理系统。

三、层次结构

层次性是系统的本质属性，农村金融系统同系统的运作环境有密切的关系，它的层次性不仅体现在管理方式上，也体现在运作环境中，前文从横向和纵向结构方面论述了农村金融系统的基本层次结构，但主要是从管理方式着眼的，以下主要分析农村金融系统在运作环境上的层次结构。

农村金融系统在农村经济运作环境中的层次结构是指政策金融、商业金融、合作金融和其他金融形式，由于运作的重心不同所形成的层次结构（图 1-3）。很显然，这是不同性质、不同功能的金融机构在经营管理过程中形成的结果，其目的也是为了保持系统运作的有效性。

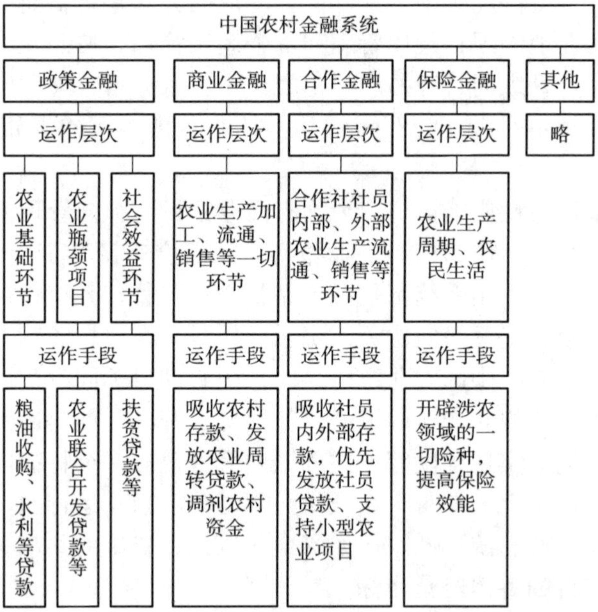

图 1-3　层次结构

从图 1-3 可以看出，政策金融、商业金融、合作金融和其他金融作用于农村经济的层面是不一样的，层次的效果也有区别。

政策金融主要支持农村经济发展的薄弱环节，如粮油收购、水利设施、农业综合开发、扶贫等，这些项目的共同特征是风险大、周期长、效益低，其他金融方式不宜介入，只能由代表政府行为的政策金融来实施，为农业发展营造好的环境，运作的结果主要体现在社会效益上。

商业金融虽然作用于农村经济的主要环节，可以利用多种金融手段，但商业金融强调的是效益性，因而在资金来源与资金运用上有很大的选择余地，运作的结果体现在农村经济发展的质量上，也体现在农业银行的经济效益中。

合作金融作用于区域性农村经济环境，提供小额贷款，以满足社员生产周转需要为主要目的，不单纯以经济效益为目标，也可以说合作金融运作的层次是政策金融和商业金融作用不到的农村经济领域。

农村保险金融为农业生产和农民生活提供保障服务，涉及的层面比较宽，可以看作是农村经济发展的稳定系统。

这种层次结构从不同角度为农村经济发展提供全面的金融服务，实现农村金融系统的运作目标。

第三节 农村金融系统的属性

一、农村金融系统的整体性

系统论认为，一个大系统的性质不能仅仅由它所包含的元素或部件和各自特性来说明，与以往的观点（一切现象最终都可用元素的物理学法则的集合予以说明）不同，在注重构成系统元素性质的同时，特别强调系统的整体性，即系统的总体目标。

（一）经营方向的一致性

农村金融系统内的各个子系统，不管其自身性质如何，在经营方向上基本是一致的。

首先，政策金融就是为更好地支持农村经济发展而组建的，其性质通过法规形式加以确定，资金来源由国家财政提供，经营方向不可能逆转。

其次，中国农业银行向国有商业银行转轨以后，仍然是农村金融系统的重要组成部分，国务院《关于农村金融体制改革的决定》中指出，农业银行要适应新的变化，努力办成真正的国有商业银行，进一步发挥在农村金融体系中的主导作用，为农业和农村现代化建设作出新的贡献。所谓的主导作用，就是农业银行要把主要精力、主要资金力量放到农村。尽管作为国有商业银行，农业银行要确定城乡一体化发展战略，以便向国际一流的大商业银行迈进，但转轨不转向的经营指导方针是不可能改变的。

农村信用社更是同区域农村经济发展密切相关，在经营方向上如果脱离农村经济这个土壤，农村信用社将毫无前途可言。虽然从理论上讲，任何一个系统都有其成长的机制，农村信用社也可能发展成实力雄厚的大型金融机构，有能力支持一些大项目，但从其运转的环境来看，仍然不能脱离农村经济基础。

其他金融形式基本上是随着农村经济的变化相伴而生的，有着鱼和水的关系。基本上政策金融、商业金融、合作金融三大主系统经营方向的确立，就可以说明农村金融系统的经营方向了。

需要说明的是经营方向和经营目标是两个概念，经营方向是指系统的主体行为和资金流向，而经营目标则是系统运转所追求的利益。同样是支持农村经济，但经营目标可以是不同的，比如政策金融把社会效益放到第一位，商业金融则把经济效益放到突出重要的位置，合作金融又把社员的合作利益作为重要的经营目标。当然，经营目标的不同并不影响经营方向的一致，有的还是相辅相成的关系。

（二）扶持农村产业发展的配套

既然农村金融系统在经营方向上是一致的，那么在扶持农村产业发展上也应体现配套性，这既是各个系统性质所决定的，也是系统运转的结果。这里有必要区别传统农业和现代农业和概念，传统农业是把农业定位在粮、棉、油等种植业范围内，扩大一点说就是农、林、牧、副、渔五业并举，而把加工、流通、销售环节排除在外。而现代农业则是大农业概念，包括的范围要大得多，除了传统农业的范围以外，还把加工、包装、流通、销售等整个过程包括进来，一些新兴的产业如动物养殖、海水养殖加工、观光农业等涉农产业都属于大农业的范畴，其发展方向是产业化。

为什么农村金融系统在运转过程中，会出现农村产业结构配套发展的结果呢？现从两个方面进行分析，先看各个子系统性质的作用。大家都知道，政策金融的分离是以发展商业金融为前提的，也就是说，政策金融把商业金融不宜运作的领域承担下来，比如农业基础设施、规模性的农业基地开发、扶贫等这些短期难以获利的生产环节交由政策金融集中支持，事实上就起到了为农业产业化发展奠定基础、创造环境的作用。其中，农业综合开发还把项目的科技含量、品种改良、市场需求等作为重要评估内容，这样就直接参与到农村产业结构调整的历史进程中。而商业金融、合作金融等其他金融形成的属性都有追逐利润的特点，对项目的评估很自然会把经济效益和市场前景作为重要依据，使强势产业强势项目得到有力的支持。这样，农村金融系统内部资金的布局就同农村产业结构的调整有机地结合起来，形成了合理的配套。另一方面，在市场经济条件下农村产业的发展趋势，体现了优化组合、市场要素重新聚合的特点，新的产业形式不断出现，也带动了农村金融系统内部各个系统之间的协调。这种反作用使资金流向加速分化，从而形成了农村产业结构调整的配套化趋势。

（三）资金的存量和流量主要在农村

对于农村金融系统来说，其性质最终要由资金的来源与运用关系来确定。因为资金具有高度的流动性特征，如果资金来源于农村，而资金运用在农村之外，来源与运用的关系产生了负值，这种趋势一旦形成就可能引起农村金融系统性质的改变。

说农村金融系统资金的存量和流量主要在农村是有充分依据的。在较长的历史时期内，我国实行的是计划经济体制，农业银行作为专门支持农业发展的国家专业银行，同时也是农村信用社授权管理机构，其资金来源与运用被限定在农村领域内，经过长期的历史发展积累，在农村领域形成了庞大的资金存量。农村金融体制改革完成以后，一部分贷款按照其性质划给了中国农业发展银行，从政策金融的角度看，这部分存量只能加速增加，而不能减少。农村信用社虽然脱离了农业银行管理体系，但由于资金来源与运用都局限在一定的区域农村经济环境内，不可能大面积流出农村之外，其存量和流量都是增加的趋势。

农业银行作为国有商业银行，其业务的全面发展是必然趋势。从理论上看，信贷结构的调整有可能造成非农产业贷款比重的提高，降低农业产业比重，但会不会造成系统内部农村资金的大流出呢？回答是否定的。这里有几个制约因素是不能回避的：①产业政策不可能允许农业银行降低支农的比重；②庞大的资金存量的刚性机制，也就是说，农业是生产周期比较长的产业，必须持续投入才可能产生效益，这也是农业银行追求经济效益的本质要求；③还有一个更重要的因素，就是随着农业产业化发展进程的加快，农业的比较利益稳步提高，逐步摆脱了弱质产业特征，投资农业成为一项有利可图的事业，这将在很大程度上吸引农业银行信贷增量的投入。因此，农村金融系统的资金存量和流量主要在农村，这一趋势不可能逆转。

（四）农村企业群体的形成有助于农村金融系统整体性能的发挥

农村金融系统是一个开放的大系统，同环境的关系密切，对环境有很大的影响，同时承受环境的反作用。农村企业群体作为环境的重要部分，也在很大程度上反映着农村金融系统的整体性质。由于各个系统性质的不同，对企业群体的影响是有差别的。一般来讲，政策金融利率低、时间长、周转慢的特性，对企业的经营管理压力较轻，衡量资金使用效果主要看项目的质量。商业金融大部分是短期周转贷款，对企业经营管理的压力较大，对企业能够起到强化管理、加速周转、提高效益的作用。商业金融为了追求规模降低管理成本，往往倾向于支持大中型项目，也有利于农业企业集团的形成和发挥带动一片的骨干作用。而合作金融受到资金量的限制，企业群体主要是中小型的，能够适应千差万别的农村区域化环境。这样在客观上就形成了不同层次的企业群体，反过来又为农村金融系统的协调发展创造了条件。

当然，在市场经济条件下，企业追求效益谋求发展的目标都是一样的，企业之间的竞争分化、兴衰也是必然的。这就是说，作为一种环境，农村金融系统始终处于动态变化的运转过程中，以适应农村经济的发展变化。

二、农村金融系统的复杂性

农村金融系统的复杂性是指系统内部之间、系统同环境之间存在着错综复杂的关系。由于系统的内部各个子系统性质的不同，导致系统内部的子系统之间在横向和纵向频繁地发生关系，而且各个子系统都同运作环境保持密切的联系，同时环境对系统的反作用关系也是复杂的。

（一）内部构造的复杂性

我国的政策性银行、国有商业银行都是实行总分行制管理体制的，直观地看这种体制在纵向性的层次是非常鲜明的。当然这种层次的划分是以行政区域作为依据的，同业务量、运行方式不直接发生关系。从纵向看这种系统构造方式的优点是上下沟通、信息流畅、管理高效，但系统之间的运作并不纯粹是纵向的，还在各子系统之间存在着大量的横向关系，甚至层次也不完全是顺序的，跳跃式跨层操作也广泛存在，比如资金的流动就呈现出纵横交错的局面，不仅上下保持资金的频繁流动，左右也发生着密切的联系。政策性银行由于不吸收社会公众存款，资金来源完全由国家财政供给，资金运作的封闭性比较强，决定了系统层次性的垂直关系特征。

农村信用社虽然在构造上呈现出单元化特点，层次状态比较模糊，但作为一个性质相近的系统，其内部构成因素也是复杂的。目前农村信用社的系统管理体制尚未建立，是按照国有商业银行系统的构建方式，还是按区域性行政体制构建农村信用社的管理系统，在这个问题上还有争论。但不管怎样，作为农村经济发展的重要支持系统，建立起相对统一的管理体制显然是必要的。

从农村信用社系统内部看，个体之间存在着较大的差异，分化严重。不同规模的农村信用社系统结构是不一样的，这些因素的集合就构成了复杂的系统，在市场竞争中，作为独立的个体会存在着广泛的对立与合作关系，也只能在这种状态下寻求自我发展。

农村金融系统内部构造的复杂性，还在于它的机构网络体系。各个金融机构性质不同，利益也不一致，使得机构网络体系既要保持个体的灵活性，还要使体系的整体运作保持其方向性。即使构造比较简单的基金会、租赁、典当等农村金融机构，也要同系统发生密切的关系，参与系统的整体运作。

（二）运行环境的复杂性

农村金融系统就是为支持农村经济发展而构建的，但我国农村经济又是一个相当复杂的社会经济系统，区域性差别非常明显，对农村金融系统的要求多种多样，这种运行环境的复杂性是影响农村金融系统整体运作与各个子系统职能作用发挥的重要因素。在农村市场经济比较发达的沿海地区、城郊地区，市场要素发育比较成熟，人员素质和经营管理水平比较高，农村经济发展更多地体现了产业化格局。这种经济环境对政策性金融依赖程度小，而特别有利于商业金融、合作金融以及其他金融形式的发展。一般来讲，农村市场经济越是发展，就越需要商业化的金融服务，商业金融也需要充分利用市场要素进行各种盈利性的业务活动，两者的依赖程度很高。但正因为市场化程度高，市场竞争就会比较激烈，市场规律就会对农村经济起主导作用，信贷主体、运行方式等都会变得复杂，商业化金融经营风险加大。

而在农村市场经济发展比较迟缓的地区，如内陆山区、少数民族地区等，由于受资源状况、生产力水平以及人员素质、市场意识等条件的限制，农村市场经济发展的总体水平很低，缺乏商业化金融运作的市场基础。这些地区对政策性金融的依赖性很高，主要用于改善农业生产条件，解决农民生活的温饱问题，营造农村经济发展的基础。对于这些地区来说，农村金融系统政策性金融的分量就会重一些，商业化金融的运作范围比较小，农业银行在这些地区的大面积亏损就能充分证明这一点。合作金融在这种经济环境中缺乏足够的资金来源，没有能力对一些重要项目进行支持，而更多地体现了资金互助性质。

应该看到，经济环境的复杂性是由我国特殊的国情所决定的，农村金融系统根植于具体的运作环境，就必然受千差万别的环境的制约。这种环境的复杂性反映到农村金融系统中来，就会引起各个子系统不同金融性质在业务量、经营种类、发展趋势以及经营效果上的显著差异，从而使农村金融系统在结构、管理等方面都出现了多样化趋势。

（三）协调关系的复杂性

农村金融系统在构造上的复杂性和性质上的规定性，决定了各个系统都有其客观的运行规律，这些规律又促成了各系统在经营目标、管理方式上的差异。如何促使这些因素在有效支持农村经济发展这个根本目标上统一起来，就需要在宏观上进行协调，显然协调的动态过程是复杂的。

同以往人们考虑的方式不同，系统思考不是“由下而上”“由细而总”的方法，着眼点也不是各个子系统运作过程是否优良，而是“由上而下”“由总而细”的方法。它不只是着眼于子系统或个别元素的优良与否，更重要的是要巧妙地利用系统内部的有机联系，进行宏观上优化组合，从而大大提高系统的整体水平。我们可以看出，系统方法的真谛是将具有某一性能的元素和具有第二种性能的元素巧妙地组合，从整体上实现多种不同的性能。

在我国的宏观金融体系中起协调作用的主要是中国人民银行，按照金融分级管理的原则，中国人民银行只能从宏观上协调各个系统的关系，制定统一的政策法规，指导农村金融体系的运行。

而真正把这些政策法规按照不同区域农村经济实际组织贯彻下去，还需要中国人民银行的派出机构去完成。从这一点来说，中国人民银行的派出机构是协调区域性农村金融系统各种关系的具体实施者，这样又在中国人民银行内部形成了一种调控体系。

对于调控者来说，要协调的关系是多种多样的，主要是按照区域农村经济发展的具体情况从宏观上把握各种金融形成的比例关系以及组合方式；在动态运行中对不同的金融机构实施监控、随时注意纠偏；根据农村经济发展和农村金融系统发展趋势，确定相应的政策和调控手段，确保运行的稳定性。农村金融系统的协调是一个非常复杂的过程，需要很高的政策水平、很高的调控技巧和掌握农村经济、农村金融发展趋势的能力。

（四）系统评价的复杂性

农村金融系统运行总体状况如何，需要进行系统评价。简单地看，农村金融系统的评价就是观察系统运行是否平稳，支持农村经济发展是否有力。但对于一个大系统来说，系统评价绝非是说一个是否支持有力这么简单，需要一整套指标体系。因此，系统本身的复杂性就直接导致了系统评价的复杂性。

从层次上看，系统评价首先要评价独立运作的各个金融系统的运作状况，比如国有商业银行经营目标达到程度、资产结构是否合理、发展趋势是否良好等；政策性银行运转效果如何，社会效益实现程度，资金是否正常运作等；合作金融的性质、职能作用体现程度、社员满意程度以及业务发展状况等。

但系统的评价不能以子系统的评价为依据，还必须将系统要素集合起来以评价系统达到的整体状况，看看是否会出现一加一大于二的效果。当然系统评价需要一套量化的指标体系，来总体反映系统的质量和农村经济发展的相关关系。严格地说，农村金融系统的投入和农村经济的产出并不构成数学的等量关系，因为资金来源是多元化的，并且信贷资金的运行过程是复杂的，体现是多维的，一定量的投入未必有等量的产出。如果我们将整个农村经济看作“黑箱”，那么金融政策、信贷资金、机构运作就是输入，农村经济发展的指标就是输出，我们仍然可以建立适当的模式，从量化指标、性质认定等方面进行系统评价。

三、中国农村金融系统的目的性

系统论认为，人工系统中的系统都是为着某种目的而构建的，具有一个整体的目的或目标，而构成系统的各个子系统或元素又分别具有各自的目的。显而易见，农村金融系统的构建根本目的是促进农村经济的全面发展，但系统中各自子系统的具体目标也是明确的，就是促进性质不同的金融系统按照各自的运行规律健康发展，从而构建具有中国特色的农村金融系统并促进农村金融与经济的发展。

（一）系统整体的目的性

对于农村金融系统整体的目的性，我们可以从以下三个方面进行分析：

（1）农村金融系统在我国的金融体系中是一个相对独立的系统，运作的对象主要是农村经济。在市场经济条件下，如何确保农业在国民经济中的基础地位，促进农业持续、稳定发展，是农村金融系统最重要的目的。我们知道，农业具有生产周期长、自然风险大、比较效益低的特性，在市场竞争中处于弱质状态，如果不采取适当的保护政策，农业的基础地位就可能被削弱，进而影响到国民经济的整体发展。农村金融系统的构建正是从农村经济变革和发展的现实出发，来广泛地适应农村经济对金融的多种需求。

（2）加速农村经济结构的调整步伐。传统农业是狭义的“以粮为纲”为主的种植业，而市场经济条件下的农业是大农业，几乎可以将一切涉农产业包括在内。在我国农村经济市场化发展的历史进程中，农村经济结构调整始终具有战略意义。结构的调整事实上也是复杂的系统，需要巨额的资金投资，而投入的效果十分关键，需要专门的机构和操作技巧。农村金融系统的最大优势，就在于多种金融形式的组合运用，最大限度利用金融的杠杆作用，使农村经济结构调整建立在经济效益的基础上，提高结构调整的质量。

（3）在支持农村经济发展的同时促进农村金融系统的完善和成长。农村金融系统作为体制改革的产物，目前还仅仅处于框架构建阶段，其运行过程、管理手段和协调机制都必须在实践中逐步完善。很显然，农村金融系统对农村经济的支持绝不是被动的，而是积极主动地去适应农村经济发展过程的不同情况，随时调整自己的运行姿态，在实践中实现自我发展的目标。

（二）农村政策性金融子系统的目的性

我国承担农村政策性金融的主要机构是中国农业发展银行，在政策性金融体系构建之初，它的职能就被严格界定，就是以国家信用为基础，筹集农业政策性信贷资金，承担国家规定的农业政策性金融业务，代理财政性支农资金的拨付，为农业和农村经济发展服务。

我国建立农村政策性金融体系的目的主要体现在三个方面：

（1）对农业实施保护政策。农业的保护由一系列政策和措施组成，但最直接最有效的是金融保护政策。金融保护政策是通过资金的筹集和运用来实现的，在生产环节提供基础设施、土地开发等资金，在流通环节确保对粮棉油主要农产品的计划收购，在加工环节对重要的农产品初深加工提供支持等，可以说对农业发展的主要方面起着重要的稳定作用。

（2）缩小农业发展的地区差距。中国农业发展银行主要从农业发展的全局着眼，寻找农业发展的薄弱环节进行支持，以确保农业在地区间的平衡发展，很显然缩小地区差距就成为政策性金融的重要目的。中国农业发展银行由于不依赖社会存款，完全可以通过增量来进行投入的转移，规模性地调控地区间农业发展的态势，达到均衡发展的目的。

（3）维持社会的基本稳定。我国农村经济发展的阶段性，决定了富裕、温饱、贫困等社会结构和社会群体的存在，而这种群体结构一旦持续下去，就会造成社会的不稳定。用金融方式调控即可利用金融杠杆提高农村经济发展的力度和质量，最突出的就是“扶贫贷款”，可以实现贫困地区由“输血型”向“造血型”的战略转变，从而步入市场经济的发展轨道，使农村社会结构趋向合理，减少社会不稳定因素的存在。

（三）农村商业金融子系统的目的性

农村商业金融系统是大概念，从经营目标等角度看，可以将除政策以外的农村金融形式统统纳入农村商业金融系统中来。但从国家信用的角度看，农村商业金融主要指中国农业银行系统。

作为国有商业银行，农业银行的目的性主要体现在三个方面：

(1) 支持农村经济产业化发展。产业化发展是农村经济向市场经济迈进的必由之路，产业化的基本含义是指农业及其相关产业，要按照市场经济规律，形成系列化产业格局，进而有效地参与市场竞争，获取社会产业的平均利润，盈利就成为产业化发展的基本目标。农业银行作为国有商业银行必须按照商业金融的运行规律去运作，在法律、政策的约束下实现最大程度的经济效益。可以看出，两者在基本目标上高度一致，支持农村经济产业化就自然成为农业银行系统的基本目的之一了。

(2) 支持农村市场经济要素的发育。商业金融最大的优势在于机制灵活、业务全面，其触角可以深入到农村经济的一切领域。

对于我国农村经济市场发育相对迟缓的现实来说，商业金融不失为一种良好的启动器。由于农村市场要素的发育也呈现不均衡特征，商业金融的运作机制，如贷款条件、期限、利率等杠杆作用总是倾斜于市场要素比较成熟的地区和领域，它能迅速带动各市场要素的尽快发育，并提高市场要素的质量。

(3) 构建并发展农业银行的国有商业银行系统。之所以要通过改革解除农业银行的政策性职能，使其经营目标单一化，就是为了构建国有商业银行系统，让农业银行同工行、中行、建行、交行等国有商业银行相互竞争，大力开拓业务，逐步发展成为重要的国际性大商业银行，争取创造较高的经济效益，为国家财政做出较大的贡献。

第二章 农村金融机构运行评估

第一节 农村中小金融机构现状与趋势

本研究所论及的我国农村中小金融机构，是指村镇银行、小额贷款公司和农村资金互助社三类金融机构，即国际上所指的微型金融机构（Microfinance Institutions，MFIs）。它是一种特殊的金融机构，以不同于正规金融机构的风险管理技术，为“正规”金融体系之外的小企业、贫困人口提供金融服务，开展小额贷款、储蓄、保险、汇款等业务。微型金融的雏形是小额信贷，起源于1976年孟加拉国穆罕默德·尤努斯创办的格莱珉银行（Grameen Bank）项目。需要指出的是，以往文献中时常有以下两种混淆：一种是小额贷款公司和贷款公司的混淆。前者由民间资本发起，地方金融办负责监管，机构数目众多，规模庞大；后者由商业银行发起，银监会严格监管，机构数目很少，队伍较小。另一种是非政府组织（Non-Government Organization，NGO）性质的扶贫资金互助社和社区银行性质的资金互助社的混淆。前者由地方政府或者民政部门等批准设立；后者由银行监督委员会（银监会）负责监管。

自2006年12月银监会调整放宽农村地区银行业金融机构准入政策以来，在农村地区逐渐成立了村镇银行、农村资金互助社和小额贷款公司等农村中小金融机构。2007年3月，村镇银行在四川、内蒙古等六省区的成立，标志着农村中小金融机构在我国的兴起。截至2011年底，全国共发起设立了786家新型农村金融机构，其中，村镇银行726家（已开业635家），贷款公司10家，农村资金互助社50家（已开业46家）；在这些金融机构中，473家分布在中西部地区，占60.2%，313家分布在东部地区，占39.8%。新型农村金融机构累计吸引各类资本369亿元，各项贷款余额1 316亿元，其中小企业贷款余额620亿元，农户贷款余额432亿元，两者合计占各项贷款余额的80%。可以预见，农村中小金融机构将在我国蓬勃发展。

一、农村中小金融机构运行的现状与主要特征

我国农村中小金融机构规模较小，但数量众多，其总资产负债规模约占全国银行业的11%。经过2006年、2007年和2009年三次政策大调整，我国农

村中小金融机构在机构数量、资本规模、服务网点覆盖范围、业务增量、发展速度和经营水平等方面都有很大进展（表 2-1）。

表 2-1　2007—2010 年我国中小金融机构统计数据

单位：人、万元、个

指标名称	2007 年	2008 年	2009 年	2010 年
法人机构数	31	107	187	383
营业网点数	31	114	233	493
少于三人（含）的营业网点数	0	4	3	8
金融机构从业人员数	0	1 726	3 728	9 898
各项贷款余额	22 605.50	341 584.81	1 879 938	5 934 305.99
农业贷款余额	0	166 125.24	974 499	3 004 513.65
农户贷款余额	16 707.15	118 345.54	581 721.60	1 929 413.93
小企业贷款余额	5 037.75	142 160.50	905 626.40	2 852 499.29
不良贷款余额	0	598.00	1 560.28	7 397.27
各项存款余额	43 229.34	647 137.35	2 655 174.00	7 763 046.87
储蓄存款余额	0	212 411.00	769 881.20	2 176 737.56
获得贷款的企业数	0	1 388	5 946	11 612
获得贷款的农户数	0	18 558	54 305	110 100

资料来源：中国银行业监督管理委员会统计调查司《中国银行业监督管理委员会年报（2008—2011 年）》。

（一）村镇银行发展现状与特征

村镇银行是指经中国银行业监督管理委员会依据有关法律、法规批准，由境内外金融机构、境内非金融机构企业法人、境内自然人出资，在农村地区设立的主要为当地农民、农业和农村经济发展提供金融服务的银行业金融机构。村镇银行可经营吸收公众存款，发放短期、中期和长期贷款，办理国内结算，办理票据承兑与贴现，从事同业拆借，从事银行卡业务，代理发行、代理兑付、承销政府债券，代理收付款项及代理保险业务以及经银行业监督管理机构批准的其他业务，同时，村镇银行还可代理政策性银行、商业银行和保险公司、证券公司等金融机构的业务。

随着银监会《村镇银行管理暂行规定》和《村镇银行组建审批工作指引》等六项配套文件的出台，村镇银行作为一种中小型的金融机构开始在我国发展起来。自 2007 年 3 月 1 日我国第一家村镇银行——四川仪陇惠民村镇银行开业至今，我国村镇银行首先在第一批试点地区四川、青海、甘肃、内蒙古、吉林和湖北建立，目前已发展到全国 31 个省（市、自治区）。我国村镇银行运行情况如表 2-2 所示。

表 2-2 2007—2010 年我国村镇银行统计数据

单位：人、万元、个

指标名称	2007 年	2008 年	2009 年	2010 年
法人机构数	19	91	137	329
营业网点数	19	98	182	437
少于三人（含）的营业网点数	0	1	1	6
金融机构从业人员数	0	1 629	3 435	9 446
各项贷款余额	20 383.46	332 274.60	1 797 591.90	5 783 075.81
农业贷款余额	0	160 978.60	946 166.70	2 955 174.05
农户贷款余额	14 834.11	111 462.90	550 572.30	1 854 665.75
小企业贷款余额	4 688.75	141 228.50	886 273.40	2 821 730.29
不良贷款余额	0	587.00	1 385.28	7 085.27
各项存款余额	41 754.26	628 750.35	2 630 829.20	7 723 931.93
储蓄存款余额	0	205 102.01	760 008.27	2 154 954.74
获得贷款的企业数	0	1 247	5 600	1 100
获得贷款的农户数	0	15 079	50 057	100 430

资料来源：中国银行业监督管理委员会统计调查司《中国银行业监督管理委员会年报（2008—2011 年）》。

（1）机构数量。在农村中小金融机构中，村镇银行数量比较多。2010 年有 329 家。到 2012 年底，已有 799 家村镇银行挂牌营业。

（2）发展速度。2007—2010 年，村镇银行机构数量从 19 家发展到 329 家，增长 17 倍；营业网点由 19 个发展到 437 个，增长 23 倍；而机构从业人员从无发展到 9 446 人。由此可见，随着农村中小金融机构由试点进一步向全国的全面推行，村镇银行数量逐步增加，其发展速度也不断加快。

（3）网点分布。截至 2011 年底，经济欠发达地区的村镇银行机构网点过少，村镇银行的设立、发展与区域内经济发展程度息息相关。

（4）资本规模。2007 年，我国成立村镇银行 19 家，总注册资本 2 亿多元。截至 2011 年 5 月末，资产总额 1 492.6 亿元，负债总额 1 217.9 亿元，所有者权益 274.7 亿元。至 2011 年 3 月末，加权平均资本充足率 30.5%。

（5）业务水平。全国村镇银行各项贷款余额 2007—2010 年分别为：20 383.46 万元，332 274.6 万元，1 797 591.86 万元，5 783 075.81 万元，2010 年较 2007 年增加了 283.71 倍。对应的存款余额分别为：41 754.26 万元，628 750.35 万元，2 630 829.22 万元，7 723 931.931 万元，2010 年较 2007 年增加了 184.99 倍。储蓄存款余额从 2007 年的基本为 0 快速增长到 2010 年的 2 154 954.74 万元。

（6）服务能力。2010 年获得贷款的企业和农户数分别为 1 100 家和

100 430家。服务农业企业在2009年达到最多，为5 600家。村镇银行为贷款抵押物严重缺乏而又急需资金资助的农村小微企业和农户提供了有力的金融支持。

当前我国村镇银行的发展还属于起步阶段，一是网点覆盖面仍较窄，发展速度较为迟缓。二是传统金融机构及民间资本参与度不高。三是村镇银行的注册资本较低且东西部差距明显。据统计，2007年早期设立的村镇银行的注册资本规模普遍较小。此后。随着村镇银行的发展，其注册资本都有了大幅度提高，目前注册资本在1 000万元以下的村镇银行有9家，全都位于西部地区，而注册资本1亿元以上的村镇银行大多位于东部地区，少数位于中西部地区。

（二）小额贷款公司发展现状与特征

小额贷款公司是企业法人，以全部财产对其债务承担民事责任。公司应遵守国家法律、行政法规，执行国家金融方针和政策，执行金融企业财务准则和会计制度，依法接受各级政府及相关部门的监督管理。在法律、法规规定的范围内开展业务，自主经营，自负盈亏，自我约束，自担风险，其合法的经营活动受法律保护，不受任何单位和个人的干涉。小额贷款公司组织形式为有限责任公司或股份有限公司。有限责任公司应由50个以下股东出资设立；股份有限公司应有2～200名发起人，其中须有半数以上的发起人在中国境内有住所。小额贷款公司的注册资本来源应真实合法，全部为实收货币资本，由出资人或发起人一次足额缴纳。有限责任公司的注册资本不得低于500万元，股份有限公司的注册资本不得低于1 000万元。单一自然人、企业法人、其他社会组织及其关联方持有的股份，不得超过小额贷款公司注册资本总额的10%。

小额贷款公司作为农村金融市场的新生力量，是有别于传统金融理论的一种以服务“三农”和小企业为宗旨，从事小额放贷和融资活动的农村中小金融组织。总体上看，自2005年发起设立小额贷款公司以来，其在全国范围内得到了较快发展，增加了农村地区金融供给，在一定程度上有效解决了以往正规金融机构难以辐射的弱势群体的资金需求问题。2008年以来的发展情况如表2-3所示。

表2-3　2008—2013年小额贷款公司数据

单位：个、万人、亿元

年份	机构数目	从业人数	实收资本	贷款余额	增长额度
2008	500	—	—	—	—
2009	1 091	—	—	542	—
2010	2 614	2.78	1 781	1 975	1 202
2011	4 248	4.71	3 319	3 915	1 935
2012	6 080	6.23	5 147	5 921	2 005
2013	>6 000	6.50	—	>6 000	—

资料来源：根据中国人民银行发布数据整理。

小额贷款公司发展规模、业务状况和盈利情况如下：

(1) 机构规模大。央行资料显示，截至 2012 年 12 月我国共设立了 6 080 家小额贷款公司，从业人员 70 343 人，贷款余额 5 921.38 亿元，实收资本高达 5 146.97 亿元。

(2) 发展迅速。相比 2011 年，2012 年我国小额贷款公司的数量增加了 1 832 家；贷款余额增加了 2 005 亿元。

(3) 小额贷款公司的资本规模与结构状况堪忧。“只贷不存”的性质决定了小额贷款公司资金来源受限，进而限制其资本规模，而规模的限制势必会影响其进一步发展。并且小额贷款公司的现有股东的持股比例部分也不合法，一些小额贷款公司的自然人股东持股比例自设立起就远高于 10%，违背了国家关于小额贷款公司的设立规定，致使运行风险增大。以陕西关中地区为例，各小额贷款公司的最大股东均为商业股份公司或有限责任公司，其持股比例平均为 1/3，且无金融机构持股，这直接表明正规金融机构对小额贷款公司持不支持态度。

(4) 业务上，小额贷款公司提供了个人贷款、农户联保贷款、小企业贷款、个体户生产经营贷款等贷款业务，贷款种类涉及的对象较广。但在实际操作中比例失衡，涉及“三农”的业务不多，缺乏业务和产品创新。

与正规银行相比，小额贷款公司的贷款更为便捷、迅速，适合中小企业、个体工商户的资金需求。与民间借贷相比，小额贷款更加规范、贷款利息可双方协商，其主要特征如下：一是“小”。资本金小，机构队伍小，贷款额度小。二是“少”。少法律政策支撑，少融资渠道，少金融风险安全保护，处于自生自灭的市场环境中。三是“多”。在全国范围内，对小额贷款公司进行监管的机构有银监局、中国人民银行和地方金融办等，监督机构多且不统一，而对其管理相对较少。四是“活”。机构的运作方式灵活，业务操作简便，且拥有审批链条简短的优势。五是“高”。由于其贷款对象主要针对农户和农村中小企业，其面临的信用风险和市场风险等都较高。

(三) 农村资金互助社发展现状与特征

农村资金互助社是指经银行业监督管理机构批准，由乡镇、行政村农民和农村小企业自愿入股组成，为社员提供存款、贷款、结算等业务的社区互助性银行业金融业务。作为近年来在农村出现的一种中小合作经济组织形式，政府管理部门和学术界对“农村资金互助社”内涵缺乏统一的界定。从金融机构部门来看，农村资金互助社是“社区互助性银行业金融机构”。在扶贫部门所开展的贫困村资金互助的扶贫工作中，将农村资金互助社界定为“非营利性的互助合作组织”。全国情况如表 2-4 所示。2010 年我国农村资金互助社仅 37 家。资金来源复杂且规模受限。各项贷款数量 2010 年仅 29 679.87 万元，较小额贷款公司 131 158.8 万元少，各项存款余额较村镇银行少。

表 2-4　2007—2010 年我国农村资金互助社数据

单位：人、万元、个

指标名称	2007 年	2008 年	2009 年	2010 年
法人机构数	8	10	14	37
营业网点数	8	10	15	37
少于三人（含）的营业网点数	0	3	2	2
金融机构从业人员数	0	52	79	246
各项贷款余额	985.92	3 809.68	7 831.00	29 679.87
农业贷款余额	0	922.64	2 868.00	15 446.48
农户贷款余额	845.93	2 834.64	7 506.00	26 083.26
小企业贷款余额	140	66	8	778
不良贷款余额	0	9	0	1
各项存款余额	1 475.08	18 387.00	24 345.00	53 690.94
储蓄存款余额	0	7 308.99	9 873.00	2 950 122.00
获得贷款的企业数	0	6	4	12
获得贷款的农户数	0	1 557	1 231	4 083

资料来源：中国银行业监督管理委员会统计调查司《中国银行业监督管理委员会年报（2008—2011 年）》。

根据农村资金互助社的基本内涵及其服务对象、开展活动和组织功能等，农村资金互助社具有以下五方面基本特征：

（1）组织功能的互助性。农村资金互助社虽有不同的发展模式，但其生存和发展的基础是社员的资金互助性，互助性是农村资金互助社组建的出发点和归属。

（2）内部管理的民主性。农村资金互助社是农民在发展现代农业生产中，为了获取低成本的融资渠道，遵循自愿、自主原则将分散的资金以入股的方式集中起来，实行民主管理、互助互利的微型农村合作金融组织。

（3）组织运行的社区封闭性。农村资金互助社的运行具有较强的社区封闭性。从而确保了组织服务的互助性和组织运行的安全性。

（4）资金获取的经济便捷性。农村资金互助社大大简化了贷前调查、贷时审查、贷后检查及抵押担保等诸多环节，实现了真正意义上的随到随贷，缩短了资金使用的时滞，方便了农户。

（5）风险监管的严密可控性。农村资金互助社在“熟人社会”的农村基层社区，以血缘、地缘、业缘为纽带，扎根农村、服务农民，服务对象固定，人际关系紧密，组织对贷款农户的信用状况和资金用途了解程度高，能有效防范因信息不对称而形成的信贷风险。同时，农村资金互助社内部对于资金的管理与运行也制定了一系列的监督管理与约束机制，从而有效地保证了资金运行的严密可控性。

二、农村中小金融机构存在的问题

村镇银行、小额贷款公司和农村资金互助社作为当前农村金融体系的三大中小金融机构，在近五年的发展历程中普遍有机构规模壮大、发展速度快、业务进步快等特点，但是，作为成分残缺的农村金融市场中的新兴中小金融机构，它们客观上也存在诸如资本金不足、人才缺乏、风险大、运作难、政策缺位、监管不力、分布不均、目标异位等缺陷，具体问题描述如下。

（一）村镇银行发展存在的问题

我国村镇银行尽管有较大发展，但相对于农村金融市场的大中型商业银行来说，还有其致命的弱点：

（1）村镇银行的市场定位偏离目标。服务“三农”是村镇银行的设立初衷，“三农”贷款普遍具有收益低、风险大的特点，这使一些村镇银行没能坚持服务“三农”的宗旨，逐渐将主要业务集中在为县域非农中小企业服务，这在某种程度上偏离了当时设立村镇银行的初衷。

（2）社会公信度欠缺，吸储困难。农民、县域居民和企业对农村中小金融机构的认知程度比较低，农村信用社、中国邮政储蓄银行和中国农业银行事实上都是以国家信用作隐性担保来开展业务的，大部分农民更偏向于将闲置资金存入国有银行、农村信用社和邮政储蓄银行等老牌银行。对于新设立的村镇银行，虽然能以更优惠的利率向农村市场发放贷款，但由于进入农村市场较晚，市场信息和管理经验不足，老百姓对其仍然心存顾虑。

（3）差异化金融工具创新性不足。截至目前，我国村镇银行普遍缺乏必要的竞争性中小金融工具。资料显示，5 年来我国村镇银行市场业务基本上停留在存款和贷款的银行原始业务的经营水平上。中间业务并没有开展起来，同时大多数村镇银行的结算系统运行不顺畅，银行卡业务难以推行，影响了其业务的可持续发展。这相对于日益市场化、全球化、多元化、纵深化的其他大中型商业银行来说几乎没有市场竞争力可言。

（4）经营规模小，营业网点少，经营成本较高。村镇银行的规模较小，不能够实现规模效应。由于缺乏社会公信度，且村镇银行的服务对象是农民和农村企业，导致其吸存成本和放贷成本都要比其他商业银行高，其贷款审查的范围较大，进一步增加了经营成本。同时，受资金规模的限制，村镇银行网点较少，现代化手段缺乏，对绝大多数农村居民缺少吸引力。

（5）专业人才严重缺乏。村镇银行在职工招聘等各方面遭遇较大的“瓶颈”，缺乏高学历的专业人才，而经验不足及业务素质不高的从业人员存在着很大的操作风险，导致大多村镇银行迟迟不能开展一些对专业要求较高、风险较大的业务，如贴现、债权承销。同时，由于业务量较大，每笔业务金额较少，村镇银行的人力、物力又有限，贷款业务中的贷前调查、贷款审查、贷后跟踪管理等工作很不到位，会出现一人多职的情况，极易诱发道德风险。

（6）不良贷款较多，信用风险防范不足。2008—2010 年我国村镇银行统计数据显示，在已开展的主要业务中，贷款业务的比重最大，是村镇银行最主要的盈利来源，而贷款业务主要来自对农户、农村中小企业的小额无抵押贷款。与非农产业不同，农业生产具有较大的风险，生产过程的每一环节，都容易受到自然条件的影响和制约。因此，当贷款获得者无法取得预期的收入时，村镇银行面临贷款的信用风险就大。

（7）缺乏强有力的政策支持、法律支撑和监管规范。首先，必要的财税政策扶持力度不够。财政部和国家税务总局先后出台了一系列扶持财税政策，但总体来说，财税政策扶持的广度和深度不够。其次，货币政策支持乏力，人民银行对支农再贷款的政策支持涉及较少，存款准备金率水平也有待进一步降低。最后，目前我国村镇银行的发展没有专项法律法规进行保障规制，监管上存在一定的缺位滞后。

（二）小额贷款公司存在的问题

小额贷款公司的运行具有一定效率，对农村金融市场的发展起到了一定作用。但是，小额贷款公司在运行中也存在着一些问题：

（1）资金来源匮乏，资本规模较小。小额贷款公司区别于银行类金融机构的最主要特征是“只贷不存”，这使小额贷款公司丧失了吸储这一重要资金来源渠道。资金来源的缺失，严重限制了小额贷款公司后续营运资金的供给，进而导致资金周转率和利润率降低。

（2）政策性目标发生偏离，资金流出“三农”领域明显。小额贷款公司设立的目标是坚持为“三农”发展服务，为“三农”和农村小微企业提供小额贷款服务，扩大农村金融服务覆盖面，弥补农村金融供给不足。但小额贷款公司在实际运作过程中，提供的贷款更多地投向了非农企业和个体工商户，而“三农”贷款的比例低。

（3）市场认知度不高，发展规模受限。小额贷款公司属于新设立金融机构，机构少、规模小。由于贷款总额较少，农户贷款率低，这也能从侧面看出，公众特别是农民对其认知度和信任度不高，主动上门办理的客户较少。而且，小额贷款公司由于自身性质和盈利性目标的原因，其贷款利率普遍较高，部分农民无论是在心理还是经济承受力方面都不能接受，从而不愿到小额贷款公司办理贷款业务。使公司规模的发展受到了来自需求方面的限制；小额贷款公司资金来源的匮乏，限制了其资本规模，从而使其贷款规模受到相应的限制，造成公司规模的发展在供给方面也受到了限制。

（4）机构和业务都存在区域分布的不均。人民银行资料显示，我国小额贷款公司机构数量分布明显偏向西部地区。截至 2012 年 9 月末，东部 1 671 家，中部 1 244 家，西部 1 875 家，东北地区 839 家。从业人数和资本业务偏向东部。截至 2012 年 9 月末，东部 21 051 人，中部 14 138 人，西部 20 384 人，东北地区 6 775 人。东部地区每家小额贷款公司的平均从业人数比中西部地区多。东部地区小额贷款公司的实收资本和贷款余额最多，实收资本是 2 220.54 亿元，贷款余额是 2 790.81 亿元，具体如表 2-5 所示。

表 2-5　2012 年 9 月末小额贷款公司的区域分布

单位：家、人、亿元

指标名称	西部	中部	东部	合计
机构数量	1 875	1 244	1 671	5 629
从业人数	20 384	14 138	21 051	62 348
各机构平均从业人数	11	11	13	11
实收资本	1 303.76	799.83	2 220.54	4 657.25
贷款余额	1 385.61	865.28	2 790.81	5 329.86
平均实收资本	0.70	0.64	1.33	0.83
平均贷款余额	0.74	0.70	1.67	0.95

资料来源：中国人民银行《小额贷款公司分地区情况统计表（2012 年 9 月）》。

（三）农村资金互助社存在的问题

当前我国农村资金互助社因自身成分复杂而存在较多问题：

（1）法律地位和组织性质不明确。目前，国务院及各相关部门虽然出台了一些法律规章来促进和规范农村资金互助社的发展，但关于农村资金互助社的法律地位和组织性质的规定不明确、不统一。部分农村资金互助社没有取得金融许可证但已经在工商部门注册，具有营业执照，也具备法人地位，但按照银监会的规定，这些非正规的农村资金互助社是非法的，不具备经营资格。前后法律地位上的矛盾很容易导致这些农村资金互助社进行违法金融活动，容易引发潜在的金融风险。

（2）政策扶持力度不够。一是注册登记条件高。政府部门虽然出于控制风险要求，对于资金互助社这种微型金融组织的成立实施严格、繁杂的审批程序，用近乎现代化正规金融机构的标准来实施操作，在一定程度上造成资金互助社的组建成本和操作成本的加大，不利于农村资金互助社的成长壮大。二是缺少其他正规金融机构的支持，融资难。三是政府部门对农村资金互助社的宣传力度明显不够，社会公信力欠缺，这制约了农村资金互助社的发展壮大，也不利于其获得社会各界的资金捐助。

（3）资金来源渠道有限。农村资金互助社受经济条件和法律政策所限，只能吸收内部社员入股资金或存款，内部增资有限，同时由于不能吸收外部存款，也难以获得社会捐赠资金和其他正规金融机构的融资资金，只能采取入股和扩股方式进行增资，从而影响了资金规模的扩大。制约了组织发展壮大和功能发挥。

（4）风险控制能力有限。一是农村资金互助社内部控制机制不健全。监事会形同虚设，信息披露不充分，互助资金使用的透明度也得不到应有的保证。个别地方为了扩大资金规模，变相非法吸储，带来了潜在的金融风险和社会风险。二是贷款资金面临自然风险和市场风险。社员贷款的主要用途除了家庭各种消费支出以外，基本都投向了农业生产和种养殖规模的扩大，由于农业、养殖业的弱质产业特性，易受自然灾害、气候及市场销售周期性影响，导致农村资金互助社的贷款资金也面临着自然风险和市场风险的冲击。三是放贷资金存在信用风险。农村资金互助社发放贷款时缺乏规范的借贷合同，不严谨的贷款合同增加了贷款违约的可能性和事后处理成本。同时部分农户的信用观念较差也是形成小额信贷信用风险的原因，而农村资金互助社缺乏有效的信用违约惩罚机制。

（5）金融监管体系不健全。有效的金融监管是防范金融危机、降低金融风险的主要措施之一，尽管农村资金互助社已被划归农村金融机构，但相关的金融监管并没有及时跟上，存在较大漏洞。农村资金互助社无论在规模上还是各项制度完善方面都无法与农村商业银行相提并论，以商业银行的标准监管农村资金互助社过于严苛；农村资金互助社为达到商业银行的监管标准容易脱离互助合作性质，走上过度追求商业化的道路。

三、农村中小金融机构对农村金融服务的影响及对农村经济发展的贡献

我国当前农村金融体系的三大中小金融机构，即村镇银行、小额贷款公司和农村资金互助社都以立足农村、服务“三农”、辐射农户和企业为主营业务导向。短短几年时间，各机构数量、规模、业务都有较快发展，服务水平和质量都有明显提升，在农村金融服务体系的补充完善和农村经济的发展进步方面都作出了重大贡献，具体情况如下。

（一）农村中小金融机构对农村金融服务的影响

农村中小金融机构的改革创新大大提升了农村金融服务的水平和质量。这主要体现在以下三个方面：

（1）加大涉农信贷投放力度，提高涉农信贷投放的针对性。截至 2011 年

底，银行业金融机构涉农贷款余额 14.6 万亿元，占全部贷款的 25.7%，同比增长 24.9%，高于各项贷款平均增速 8.8 个百分点。

（2）推进农村金融服务均衡化建设。一是推进县域银行业金融机构网点建设；二是要求农村中小金融机构进一步强化“三农”市场定位，下沉经营管理重心，构建做实县域的经营机制，面向“三农”调整业务结构；三是积极稳妥培育村镇银行、贷款公司和农村资金互助社三类农村中小金融机构，调整组建核准程序，鼓励按照区域挂钩的原则集约化组建村镇银行；四是继续推进金融机构空白乡镇全覆盖工作。

（3）提高涉农金融业务发展质量。要求银行业金融机构积极借鉴国际微贷和农业供应链金融技术，推进有别于城市的涉农金融产品研发、客户营销、服务渠道、风险管理和考核机制建设（银监会年报，2011）。

为了直观地比较我国农村金融体系中村镇银行、小额贷款公司和农村资金互助社这新三类金融机构的市场份额和对农村金融服务行业影响，我们通过计算农村金融体系中 H. H. I 指数（公式为：H. H. I$=\sum_{i=1}^{n}(X_i/X)^2$，其中，X 代表市场的总规模，X_i 为 i 企业的规模，n 为该产业内的企业数）进行比较分析（表 2-6）。

表 2-6　我国农村金融市场 H. H. I 指数

分类	2008 年	2009 年	2010 年	2011 年
基于资本	0.239	0.212	0.207	0.205
基于负债	0.238	0.212	0207	0.206

资料来源：根据 2008—2011 年《中国银行业监督管理委员会年报》《中国农业发展银行年报》和《中国农业银行年报》有关农村金融机构的数据整理、计算而得。

数据显示，对于资产和负债来说，2008—2009 年波动显著，分别为 0.027 和 0.026；而 2009—2011 年间隔数据变化幅度很小。资产项为 0.005 和 0.002，负债项对应为 0.05 和 0.01。可见，2009 年我国农村金融服务行业中金融机构有大的调整。H. H. I 指数递减就表明 2009 年有大量新的金融机构进入农村金融领域，这也可以从图 2-1 显示的 2008—2009 年发展趋势急剧下滑现象中得到有力证明。

图 2-1 指数的变动，正好印证了我国 2009 年政策大力支持发展农村中小金融机构（村镇银行、小额贷款公司和农村资金互助社），以完善我国农村金融市场体系，减少农村金融市场行业集中度，加大竞争，减少行业垄断，实行普惠制金融的改革。

图 2-2 直观地表明：我国农村金融市场新三类金融机构 2009 年较 2008 年有飞速发展，图中所示各类指标的趋势线都显著上扬。图 2-2 中 2008—2009

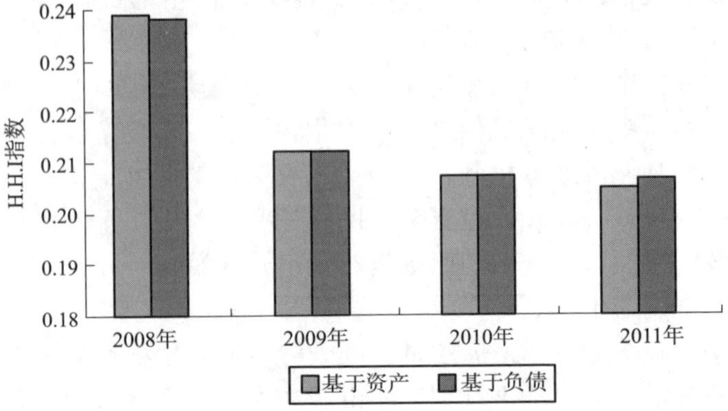

图 2-1　我国农村金融市场 H. H. I 指数变动

资料来源：根据 2008—2011 年《中国银行业监督管理委员会年报》《中国农业发展银行年报》和《中国农业银行年报》有关农村金融机构的数据整理、计算而得。

年我国农村金融市场 H. H. I 指数急剧递减的变动趋势，充分说明了当前我国农村金融市场中新三类金融机构快速成长对于农村金融服务均衡化的重大影响，即新三类金融机构的快速成长平衡了我国农村金融市场垄断和行业高度集中的负面影响。

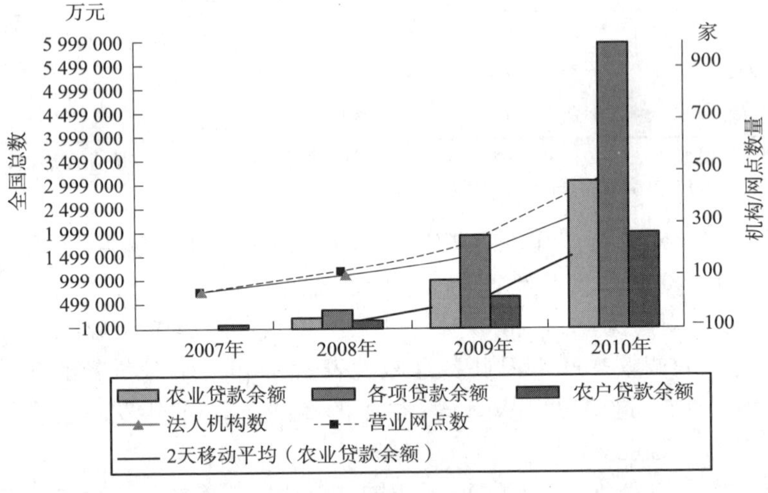

图 2-2　2007—2010 年我国新三类金融机构发展趋势

资料来源：中国银行业监督管理委员会统计调查司《中国银行业监督管理委员会年报（2007—2011 年）》。

（二）农村中小金融机构对农村经济发展的贡献

金融机构将信贷资源用于支持实体经济科学发展，在推动经济结构优化、促进区域协调发展、改善民生等方面发挥了积极作用。这主要体现在以下四个方面：

（1）支持关键行业发展和重点建设项目。

（2）投资方向重点向“三农”倾斜和关注民生。

（3）支持区域经济发展。引导银行业金融机构调整区域信贷投向，使得经济落后地区与发达地区之间信贷资源分配失衡情况有所改善。

（4）加大扶持小微企业。截至2011年底，小企业贷款顺利实现“两个不低于”目标，其中，农村中小金融机构的贡献功不可没。我国小额贷款公司坚持“小额、分散”的原则，因地制宜地执行监管部门单笔贷款额度的规定，通过分散风险来保证资金的安全，以增强自身的可持续发展能力。这里的小额贷款并不是指50万元以下的贷款，各地对小额贷款公司小额贷款的界定不能一成不变，应随着当地经济的发展不断进行调整。

为了更好地说明新三类金融机构对于农村经济发展的贡献，我们将其集中放到农村金融市场的大环境中去考量，如表2-7所示。

表2-7　农村金融机构经济贡献度量

单位：亿元、‰、%

年份	农村中小金融机构贷款总额①	农村金融机构涉农贷款总额②	全国各金融机构涉农贷款总额③	①/②	②/③
2007	2.26	23 600	61 200	0.1	38.56
2008	34.16	—	—	—	—
2009	187.99	31 000	91 400	6	33.91
2010	593.43	35 000	117 700	17	29.74
2011	1 316	—	146 000	—	—

资料来源：根据中国人民银行同期《中国农村金融服务报告》整理。

由表2-7数据可知，自2007年施行涉农金融服务统计以来，我国农村金融机构涉农贷款持续攀升，基本维持在三成左右。农村中小金融机构的贷款规模绝对值因成立时间短、资本和市场份额有限、政策支持和金融服务不到位的缘故而相对很低。但是从2007—2010年农村中小金融机构贷款额仍连年飞速上涨，其在农村金融服务份额的持续攀升，对农村经济社会发展作出了有力的贡献。更可喜的是照这样的发展趋势，我们完全有理由预期村镇银行、小额贷款公司和农村资金互助社等农村中小金融机构将会以几何级数高倍增长壮大，将对新农村建设、城镇化建设、农业现代化建设作出重大贡献。如果把金融机构的贷款看作投资项，农村中小金融机构2007年仅注资2.26亿元，而2010年则注资593.43亿元，四年间总共在农村金融市场投入各类生产、生活、建设资金高达 817.84 亿元。

资料表明：我国农村中小金融机构有 60%以上分布在经济发展相对落后的中西部地区。对农户和农村小微企业发展过程中的资金渴求来说，这是最简便、最实在、最有效的援助，为当地区域经济发展提供了有力的资金支持。这也充分展现了普惠制金融对“三农”的润泽。

四、新兴市场国家（地区）发展农村中小金融机构的经验

我国农村中小金融改革取得突破性进展，逐步构建了以农村信用社、农村商业银行、村镇银行、小额贷款公司、农村资金互助合作社为主体的多元化农村金融机构体系。但当前我国农村金融服务仍然存在组织结构单一、支农力度不足等问题，尚需在改革发展中不断解决。对国外有关国家加强和改进农村金融服务的相关经验做法进行梳理，可以为促进我国农村金融发展、改进农村金融服务提供有益借鉴。新兴市场国家农村中小金融机构的代表主要有：孟加拉国的农村微型金融组织（GB 与 MFO），泰国的农业与农村合作组织银行，印度的多层次农村金融服务体系。

孟加拉国农村地区的金融机构有三种主体：国有银行及金融发展机构、格莱珉银行（GB）和各种微型金融非政府组织（MFO）。其中，国有银行及金融发展机构是农村地区的正规金融机构，GB 和 MFO 的服务为微型金融，是非正规金融的组成部分，其覆盖率远高于正规金融。GB 和 MFO 共为约 25%的农村家庭提供金融服务。而正规金融只为 5%的农村家庭提供服务。GB 和 MFO 在孟加拉国农村金融服务中发挥着重要作用，是全世界金融缓解农村贫困的成功典范。

为加强农村金融服务，泰国政府于 1966 年成立农业与农村合作组织银行（BAAC)，向农户提供专业化的信贷服务。BAAC 由财政部提供帮助和指导，其农村地区客户以大农场主和涉农企业为主，同时也为个体农民服务。由于 BAAC 贷款利率由政府控制，BAAC 在有限程度上依赖于政府补贴维持经营。BAAC 的服务覆盖泰国 90%以上的农户，2008 年底，BAAC 贷款金额占全部农业信贷的一半，其中，单笔金额低于 1 200 美元的占 1/3 到 1/2，小额贷款的单笔平均额为 660 美元。

当前印度农村金融体系主要由三个部分组成。一是商业银行。商业银行是印度农村金融的主渠道，分为国有商业银行、私人商业银行和地区农村银行。地区农村银行是印度政府为解决农村地区商业银行机构网点少、农村金融服务不足问题而专门设立的。二是农村合作银行。其中一种是只为社员提供中短期贷款服务的农村合作银行，另一种是专门提供长期贷款服务的土地开发合作银行。三是国家农业农村发展银行。该行是印度支持农业发展的政

策性银行，由印度政府和印度储备银行共同出资组建，其职能广泛。除提供支农信贷资金外，还承担向农村金融机构再融资及对地区农村银行和农村合作银行两类机构进行监管的职能。在政府一系列政策的推动下，印度金融机构普遍在广大农村地区建立了经营网络。其中，商业银行在农村地区设立30 000多家分支机构，土地开发合作银行的农村分支机构超过2 000家，地区农村银行的农村分支机构达到14 000多家。这些分支机构经营目的是满足印度农村金融服务需求。

综合来看，我国发展农村中小金融机构应吸收的国际成功经验有：准确把握市场定位，加强信贷风险控制，个性化及细致周到的服务，重视对员工队伍的专业化培训，信贷机制灵活，合理的贷款利率，政府大力支持。

我国发展农村中小金融机构应吸取的国外失败教训有：首先，要防止政府部门对小额贷款过度干预，政府行为对农村信用的最大破坏莫过于对农业贷款的减免措施。这些出于良好愿望来帮助农民的贷款减免极大地破坏了农村的信用，往往要多年的时间才能恢复老百姓的信用观念。地方政府部门还可能在推行小额贷款过程中过多地干涉了银行机构在挑选贷款户、确定投资方向和投资项目方面的自主权力，这往往会造成项目的失败。其次，政策、机制环境要配套、协调。国际经验告诉我们，对小额信贷的大规模开展，有关部门要给予从政策到物质的支持，否则，按照商业化、市场化建立的农村中小金融机构，在资本逐利、商业化运作的过程中，很容易背离当初的政策导向，偏离服务“三农”的政策目标。

五、农村中小金融机构演进趋势

（一）村镇银行的演进趋势

村镇银行作为一个新兴的农村金融机构，在农村金融需求得不到满足和金融供给不足的条件下，投资农村这个巨大的金融市场的回报是十分可观的，在国家政策的扶持和市场商业利益的驱动下，其发展势头良好，图2-3清晰地描述了这种快速的发展态势。

预测未来，我国村镇银行将向以下趋势发展：

（1）村镇银行控股制。根据《中国银行业监督管理委员会2011年报》，未来农村中小金融机构坚持股份制改革方向，大力推进以服务“三农”为根本目的、以做实县域为基本要求、以完善管理体制和经营机制为基础保障的结构性改革，预测未来村镇银行主要的组织架构将是控股制。

（2）村镇银行发展将呈现两极化。经济决定金融，村镇银行所处县域经济环境决定了村镇银行的发展状况。就目前经济发展状态来看，未来中西部村镇银行发展仍将落后于东部地区，且在银监会实行的“准入挂钩政策”下将使处于东部发达地区村镇银行与中西部欠发达地区村镇银行的差距进一步拉大。

(3) 村镇银行业务范围扩张，规模逐渐扩大。存贷规模的扩大是村镇银行最主要的利润来源，是村镇银行发展的内在动力，因此，村镇银行要想生存和发展下去，扩大业务规模是其必然选择。

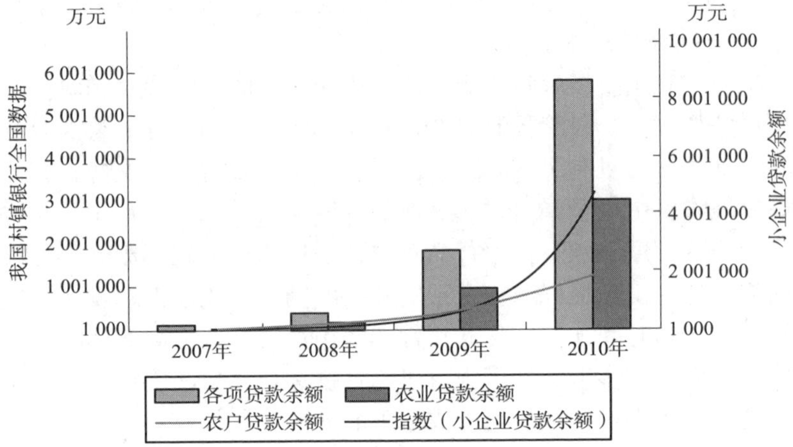

图 2-3　村镇银行发展趋势

资料来源：中国银行业监督管理委员会统计调查司《中国银行业监督管理委员会年报（2007—2011 年)》。

(二) 小额贷款公司演进趋势

小额贷款公司在今后的运行中要得到可持续发展，必须在其资金保障方面下功夫。2009 年 6 月银监会发布《小额贷款公司改制设立村镇银行暂行规定》，2012 年在浙江省温州市等地试行深度改革。可以预见，未来几年我国小额贷款公司会出现以下发展和扩张趋势：

(1) 服务对象和地域的扩张。目前我国小额贷款公司一般都没有或者很少设有分支机构，随着小额贷款公司进一步发展扩张，设立分支机构会很普遍，其服务地域范围也将不断扩大，服务对象也将出现多元化，一些创业者和企业也会成为其服务对象。

(2) 服务和产品的扩张。小额贷款公司通过提供不同种类的金融服务和产品来满足低收入人群的需要，同时也提高机构自身的竞争力。穷人不仅需要信贷服务，还需要小额储蓄、小额保险、抵押、小额租赁、咨询、培训等其他金融服务，这些需求必然诱发小额贷款公司业务扩张。

(3) 资金来源和公司能力扩张。为了给更多的低收入人群提供更多类型的产品和服务，小额贷款公司必须有坚实的资源基础。资源基础的扩张包括将自身由非正规金融机构转变成正规金融机构，从而可以吸收公众存款，追求财务上的可持续发展。目前，我国商业性小额贷款公司开始并将逐渐成为小额信贷的主要发展模式，在条件成熟的情况下还允许小额贷款公司转为村镇银行，这一方面是对我国过去小额信贷发展进行反思的结果，另一方面也是借鉴国际上“普惠制”农村金融新理念的产物。不过，我国小额贷款公司最现实的发展前景还是金融公司（吴晓灵，2012）。

小额贷款公司的扩张已成为一种趋势（见图 2-4），特别是在增加贷款人数、增设分支机构等方面表现明显。但在小额贷款公司转制为村镇银行方面，也存在着不少问题。要转制为村镇银行，需要满足许多基本条件，在转制过程中，股权问题就成了转制的最大障碍，特别是当小额贷款公司转变成村镇银行后，目标偏移问题更容易出现，将不利于解决我国长期以来存在的农民融资难问题。因此，应该密切关注我国小额贷款公司在未来发展和扩张的过程中可能出现的目标偏移现象，这也是构建我国“普惠制”农村金融体系的基本要求。

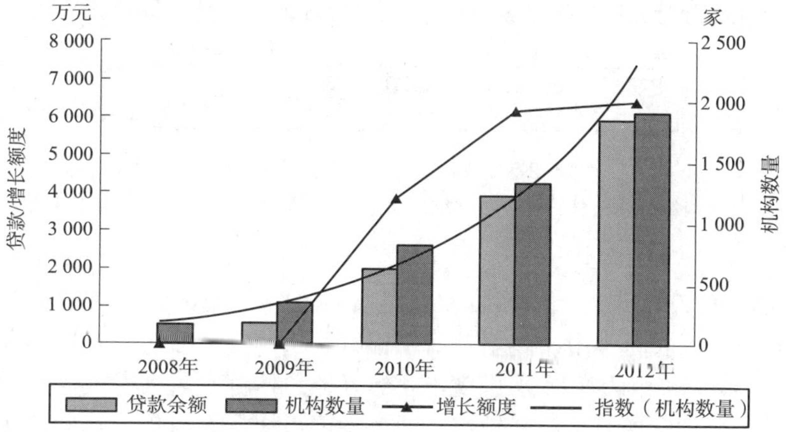

图 2-4　小额贷款公司发展趋势图

资料来源：中国银行业监督管理委员会统计调查司《中国银行业监督管理委员会年报（2007—2011 年）》。

（三）农村资金互助社演进趋势

农村资金互助社成分复杂，规模小、形式初级，但大力发展资金互助社可以推进农村金融改革的大战略。这是因为，一方面，资金互助社更贴近农户，可以满足被商业性金融机构排斥的农户的贷款需求；另一方面，通过参与资金互助社，农户们不但获得了更多的金融知识，而且在信贷交易中证明了自己的信誉。因此，农村资金互助社也起到了改进金融文化、培育客户的作用，从而降低了正规金融机构开展业务的成本。因此，农村资金互助社这种具有代表性的合作金融形式在农村金融发展中具有不可替代的作用。未来，我国农村资金互助社将会在制度、市场“双引擎”驱动下日趋规范化、市场化，其规模也必然逐步扩大，成为活跃在我国农村金融市场的一支有力的金融队伍（图 2-5）。但是，其先天的不足和监管缺位也将引起较长期的混乱和波动，加剧农村金融市场的风险。

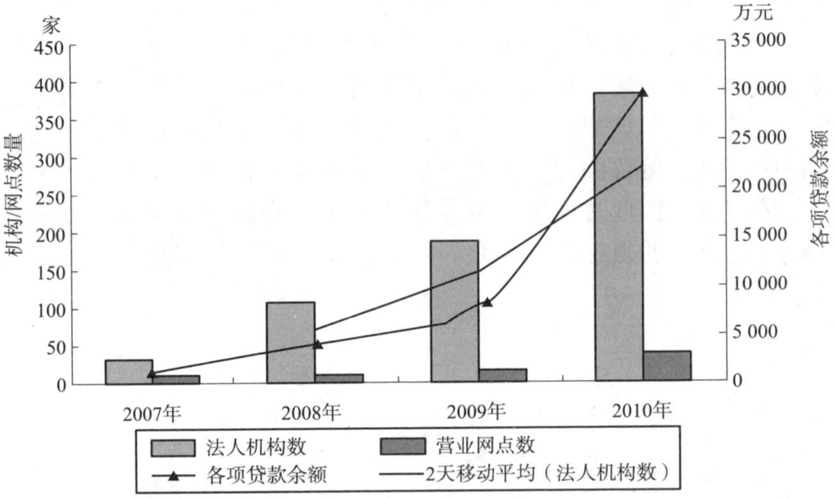

图 2-5 农村资金互助社发展趋势

资料来源：中国银行业监督管理委员会统计调查司《中国银行业监督管理委员会年报（2007—2011 年)》。

总之，从 2005 年启动小额贷款公司，2006 年计划试行农村中小金融机构改革以来，我国农村金融市场上，村镇银行、小额贷款公司和农村资金互助社等农村中小金融机构尽管发展进度不一致，但总体都有较大发展，其中小额贷款公司机构数目发展最多，村镇银行业务发展最快，农村资金互助社在经历曲折中逐步发展。

未来发展总体趋势应该是我国农村新三类金融机构都会有较大发展，但由于制度和市场双因素的作用各机构发展可能不同步。其中，村镇银行的前景乐观，未来县域金融市场的主流商业银行将是其理想取向。小额贷款公司将会历经奋斗而逐步地、不同程度地转化成地方银行机构或规范化、阳光化的金融机构，可以预期金融公司将是其直接晋级的第一步。农村资金互助社较长时间内还将在混沌中发展进步，不远的将来或许会成为介于农村和城市商业金融机构之间的民间资本主导的金融机构，如民营银行。

第二节　农村中小金融机构绩效影响分析

一、文献回顾

回顾国内外关于银行绩效的研究进展，目前主要集中在两个方面：一是探讨影响银行绩效的相关因素，二是绩效的测度方法。国内关于银行绩效这方面的研究起步较晚，基本上是吸收借鉴国外的研究方法。下面从这两个方面对相关研究进行具体述评。

在银行的绩效影响因素选取方面，国外相关的研究起步较早。例如，贝尔杰（Berger）和汉南（Hannan）用美国240家银行样本数据检验，发现垄断、规模效率与管理效率水平提高有助于银行获取高利润。此外，国内的学者也有很多相关的研究，如秦宛顺、欧阳俊指出我国商业银行绩效水平主要取决于银行效率，市场结构与银行绩效水平之间并无显著的统计关系，而银行市场份额与规模效率显著负相关。何韧利用上海市银行业1999—2003年的相关数据，对该市银行业的市场结构、综合效率和经营绩效及其相互关系进行了实证研究。研究发现决定商业银行绩效水平的市场力假说和效率结构假说在上海银行业中都不成立，但是银行业的规模效率对银行绩效水平具有积极的作用。涂万春、陈奉先引入产权结构变量修正了传统的结构—行为—绩效（Structure-Conduct-Performance，SCP）分析框架，并基于该框架利用截面数据模型实证分析了2000—2004年以产权改革为主导的中国银行业绩效的影响因素。赵胜民和卫韦选取风险调整的资产收益率（RAROA）、风险调整的净资产收益率（RAROE）作为绩效指标，建立一类新的回归模型，利用国内几家银行1995—2006年的面板数据对我国银行绩效影响因素进行实证分析。闫丽华从股权集中度、资产结构和资本结构三个方面分析了金融上市公司绩效的影响因素，并构建了金融上市公司经营绩效的多元回归模型进行实证分析。林明指出市场结构、产权结构和行为结构是影响当前银行业绩效的三个主要因素。

已有的关于绩效的影响因素的研究，主要考虑了银行的规模、资产结构、资本结构等方面的影响，这类研究中影响因素的选取着重考虑了内生方面，忽略了外生因素对银行绩效的影响力。而市场结构和产权结构等因素的引入，使得绩效评价体系相对完善，但衡量和测算方面有一定的难度，缺乏统一的标准。此外，影响因素中资本收益率、资产收益率改进为RAROA以及RAROE，能更全面地衡量经营的绩效情况，在实际应用中更为合理和规范。

此外，国内外关于绩效测度的研究很多，但采用的方法也相对集中。国外的安德鲁·沃辛顿（Andrew C. Worthington）运用随机成本前沿法，研究了澳大利亚非银行金融机构效率的决定因素，结果表明，银行效率的增长来源于资产质量、人力素质和教育程度的改善。门德斯（Mendes）和雷贝洛（Rebelo）在假说检验中开始使用非参数法（DEA）和随机前沿分析（SFA）两种方法测度银行 X 效率。我国的赵旭、凌亢运用 SFA 方法，在将超越对数成本函数中的残差项作为银行效率的近似值的基础上，用普通最小二乘法进一步对效率来源做了解释，以研究银行效率的决定因素。赵旭、蒋振声等在分析传统共谋假说（结构—行为—绩效理论）与有效结构假说的基础上，运用 DEA 综合效率研究了我国银行业市场结构与绩效之间的关系。结果表明，效率是影响银行绩效的重要决定因素，而市场集中度、市场份额与利润率负相关。张健华利用数据包络分析方法（DEA）的基本模型及其改进模型，第一次对我国三类商业银行 1997—2001 年的效率状况进行了全面分析。姚树洁、冯根福、姜春霞使用了 22 家银行 1995—2001 年的一组数据，利用随机前沿生产函数研究了所有制结构和硬预算约束对银行效率的影响，结果表明非国有银行比国有银行效率高，面临硬预算约束的银行的绩效比国家和地方政府投入大量资本的银行好。郭妍运用 DEA 方法测算了我国 15 家有代表性的商业银行 1993—2002 年的技术效率、纯技术效率、规模技术效率值，结果显示国有银行效率值普遍低于非国有银行，并指出对国有银行效率影响较大的因素依次是资本充足率、市场份额、资源配置能力。

在以上测度的方法选择上，已有的研究对于绩效的分析主要采用了随机前沿分析法、数据包络分析法以及回归分析等方法。参数方法如 SFA，考虑了随机误差对效率的干扰，得出的样本效率离散度较小，便于区分，可以方便地检验结果的显著性。缺点是该方法需定义效率方程的函数形式，而一旦所定义的函数形式不正确，就会在很大程度上影响所计算的效率值，并且所需统计数据较多，不易获得。而 DEA 方法能方便地对银行业的多投入和多产出效果进行评价，对我国实际情况有更多的适用性，所以相关的研究相对较多。

二、数据来源

本章数据由课题小组成员于 2012 年暑假分别对宁夏回族自治区同心县、陕西省的渭南市、安塞县、岐山县和洛南县调查整理所得，其中渭南小额贷款公司 13 家，安塞、岐山和洛南村镇银行 4 家，宁夏回族自治区农村资金互助社 3 家。

三、研究方法

（一）层次分析法

层次分析法（Analytical Hierarchy Process，AHP）是一种定性和定量相结合的、系统化的、层次化的分析方法，它是将决策者的主观臆断与实践经验构建模型，并进行量化分析，该方法主要将复杂问题按支配关系进行分层，通过对比各层各要素之间的相对重要性，最终确定各要素相对重要性的次序，从而按次序做出最终选择。其具体操作如下。

1. 递阶层次评价模型的构建

通过深层次决策目标，将问题分为三个层次，即目标层、准则层和措施层（图 2-6）。在模型中，同一层次的要素对上层要素有一定的作用，同时支配下层各要素，每层中各要素所支配的要素不超过 9 个，这是由于过多的要素会造成两两比较的困难。

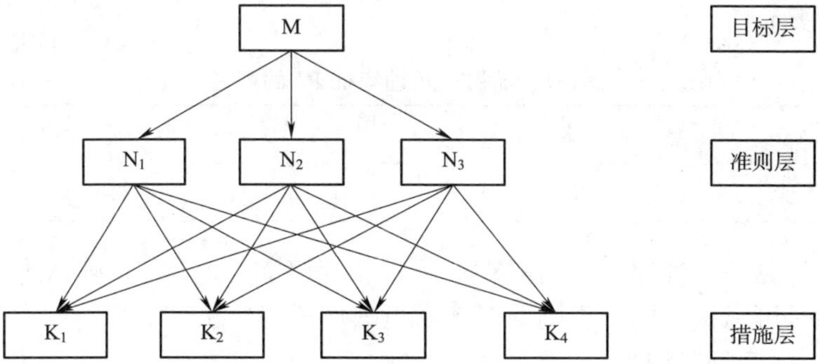

图 2-6　递阶层次评价模型

2. 判断矩阵的构造

从准则层开始，用一定的比较尺度两两对比同一层次的要素，构建判断矩阵 $\boldsymbol{M}$，直到最后一层。$\boldsymbol{M}=(m_{ij})_{n\times n}$，其中 $m_{ij}>0$，$m_{ij}=1/m_{ji}$（i，$j=1$，2，…，n）。在矩阵 $\boldsymbol{M}$ 中，m_{ij} 表示要素 i 与要素 j 对上一层要素的重要程度的比值，m_{ji} 表示要素 j 与要素 i 对上一层要素的重要程度的比值，并且 $m_{ij}=1/m_{ji}$。而判断矩阵标度采用萨蒂（Saaty）提出的 1～9 标度法，如表 2-8 所示。

表 2-8　判断矩阵标度及重要度释义

标度	1	3	5	7	9	2，4，6，8
重要度释义	前者和后者重要性相同	前者比后者稍重要	前者比后者明显重要	前者比后者强烈重要	前者和后者极端重要	相邻判断的中间值

对于图 2-6 所示的递阶层次评价模型而言，N_1，N_2，N_3 可构成一个相对于要素 $\boldsymbol{M}$ 的判断矩阵 $\boldsymbol{N}$：

$$\boldsymbol{N}=\begin{bmatrix} M & N_1 & N_2 & N_3 \\ N_1 & 1 & n_{12} & n_{13} \\ N_2 & \dfrac{1}{n_{12}} & 1 & \dfrac{1}{n_{23}} \\ N_3 & \dfrac{1}{n_{13}} & \dfrac{1}{n_{23}} & 1 \end{bmatrix}$$

3. 一致性检验

由于在建立判断矩阵的过程中，人们对事物的认识往往具有一定的片面性，加之人的主观臆断时常会出现判断不一致的情况。为保证评价分析的有效性，需要对其进行一致性检验，方法如下：

（1）计算一致性指标 CI：$CI=(\lambda_{max}-n)/(n-1)$，当 $\lambda_{max}=n$ 时，$CI=0$，CI 为完全一致，CI 值越大，判断矩阵的一致性越差。通常满足 $CI\leqslant 0.1$，判断矩阵的一致性就可以接受，否则重新进行两两比较判断。

（2）查找相应的平均一致性指标 RI，对于 1～9 阶矩阵，给出了 RI 的值，如表 2-9 所示。

表 2-9　随机一致性指标 *RI* 的取值

n	1	2	3	4	5	6	7	8	9
RI	0	0	0.58	0.90	1.12	1.24	1.32	1.41	1.45

（3）计算一致性比例：当 $CR=CI/RI$，当 $CR<0.1$ 时，则认为判断矩阵的一致性是可以接受的，否则要对判断矩阵作适当修正。

（二）多元回归模型

多元回归模型一般是探讨多个变量之间关系的分析方法，按自变量和因变量的对应关系可划分为一个因变量对多个自变量的回归分析（简称“一对多”回归分析）及多个因变量对多个自变量的回归分析（简称“多对多”回归分析）。通过层次分析法得到了各农村中小金融机构绩效得分后，分析认为其除了受到 AHP 所选取指标的影响外，还受到其他内生因素与外生因素的影响，这些因素包括注册资本、市场结构、所处地区的经济情况以及区域等。同样，影响农村中小金融机构的绩效也是多方面的。因此，本章采用多元回归模型，试图寻找决定当前农村中小金融机构效率的关键因素。其模型设定如下：

$$Y=\beta_0+\beta_1X_1+\beta_2X_2+\cdots+\beta_iX_i+\varepsilon$$

其中，Y 表示通过 AHP 方法得出的得分，X_i 表示的是解释向量，β_0、β_1、$\beta_2\cdots\beta_i$，为待估计参数，ε 为随机误差项。

四、变量释义及统计性描述

在分析农村中小金融机构绩效的影响因素时，将采用层次分析法（AHP）计算的综合绩效得分作为被解释变量；考虑到宏观经济环境、市场结构、银行规模因素，选取当地 GDP、经营区域、贷款市场占有率、注册资本、最大股东持股比、在职员工数作为解释变量构建多元回归模型。变量定义如表 2-10 所示。

表 2-10 农村中小金融机构绩效影响因素的选取、释义及统计性描述

变量名称	变量定义	最小值	最大值	均值	标准差
绩效得分	层次分析法计算的绩效得分	0.54	0.99	0.68	0.10
当地 GDP（亿元）	2011 年机构所在区域 GDP	26.80	150.00	83.40	41.66
经营区域	机构所在区域：1＝县区，2＝市区，3＝乡镇	1.00	3.00	1.50	0.76
贷款市场占有率（%）	2011 年该机构贷款余额占经营区域内各金融机构贷款余额的比例	0.001 8	0.216 1	0.075 1	0.062 2
注册资本（万元）	成立时的注册资本（含增资扩股）	1 000	10 000	3 765	2 097.44
最大股东持股比例（%）	股份额最大的股东所持股份占股本总额的比例	0.01	0.80	0.34	0.18
在职员工总数（人）	2011 年机构全部员工数	5	34	12	6.42

注：表中绩效得分为下文的被解释变量，其余各项指标为解释变量。

五、实证及结果分析

（一）农村中小金融机构综合绩效评价

1. 指标选取及统计性描述

对农村中小金融机构绩效水平的评价，包括行为绩效与结果绩效两类，行为绩效基于投入产出的技术效率进行评价，结果绩效则基于财务数据与业务数据进行评价。根据以往研究，本章拟构建二级指标体系，从安全性、流动性、盈利性、成长性来评定农村中小金融机构绩效水平，具体如表 2-11 所示。

表 2-11 农村中小金融机构综合绩效指标（U）的选取、定义及统计性描述

一级指标	二级指标	指标定义	方向	最小值	最大值	均值	标准差
安全性 U_1	资本充足率 U_{11}	资本充足率＝资本净额/加权风险资产期末总额	＋	0.18%	2.45%	0.95%	0.41%
	不良贷款率 U_{12}	不良贷款率＝不良贷款额/贷款总额	－	0.00%	0.46%	0.02%	0.11%
流动 U_2	涉农贷款 U_{21}	涉农贷款比例＝涉农贷款额/贷款总额	＋	0.03%	1.00%	0.58%	0.29%
	可贷资金 U_{22}	100 万以下＝0.1；100 万～500 万（含）＝0.3；500 万～1 000 万（含）＝0.5；1 000 万～5 000 万（含）＝0.7；5 000 万以上	＋	0.10	0.90	0.65	0.23

（续）

一级指标	二级指标	指标定义	方向	最小值	最大值	均值	标准差
盈利性 U_3	净利润 U_{31}	10 万以下 = 0.1；10 万～50 万（含）=0.3；50 万～100 万（含）= 0.5；100 万～500 万（含）= 0.7；500 万以上	+	0.10	0.70	0.44	0.26
	利息收入 U_{32}	10 万以下 = 0.1；10 万～50 万（含）=0.3；50 万～100 万（含）= 0.5；100 万～500 万（含）= 0.7；500 万以上	+	1.75	780.00	257.56	194.38
成长性 U_4	最大股东股权比例 U_{41}	股份额最大的股东所持有股占股本总额的比例	+	0.01%	0.80%	0.34%	0.18%
	从业人员受教育水平 U_{42}	本科及以上学历员工所占比例	+	0.00%	0.67%	0.17%	0.19%

注：由于所采用指标多为正指标目取值均为 0～1。指标值越接近于 1，其情况越好，鉴于该指标为逆指标，故将其调整为正指标，调整方法是“U_{12}＝1－不良贷款率”。

2. 构建递阶层次评价模型（图 2-7）

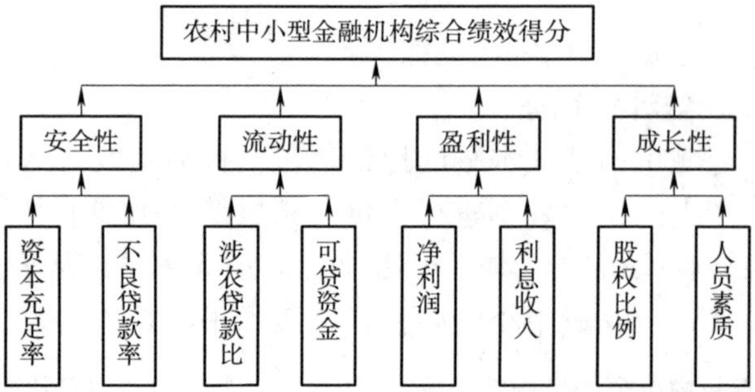

图 2-7　农村中小金融机构综合绩效递阶层次评价模型

3. 构建判断矩阵

在构建判断矩阵之前，采用专家打分法对各指标重要性打分，其中金融领域专家 10 名，金融监管部门专家 5 名，农村中小金融机构管理层 5 名。通过专家评分法对各指标重要性打分后，采用 1～9 标度法对指标数据进行处理，构建判断矩阵，具体如表 2-12～2-16 所示。

表 2-12　安全性各指标判断矩阵

项　目	资本充足率 U_{11}	不良贷款率 U_{12}
资本充足率 U_{11}	1	1
不良贷款率 U_{12}		1

表 2-13　流动性各指标判断矩阵

项　目	涉农贷款比例 U_{21}	可贷资金 U_{22}
涉农贷款比例 U_{21}	1	1
可贷资金 U_{22}		1

表 2-14　盈利性各指标判断矩阵

项　目	净利润 U_{31}	利息收入 U_{32}
净利润 U_{31}	1	2
利息收入 U_{32}		1

表 2-15　成长性各指标判断矩阵

项　目	涉农贷款比例 U_{21}	可贷资金 U_{22}
最大股东股权比例 U_{41}	1	2
从业人员受教育水平 U_{42}		1

表 2-16　农村中小金融机构各指标判断矩阵

项　目	安全性 U_1	流动性 U_2	盈利性 U_3	成长性 U_4
安全性 U_1	1	2	2	3
流动性 U_2		1	1	2
盈利性 U_3			1	2
成长性 U_4				1

以上判断矩阵在 AHP yaahp 软件均通过一致性检验，即表 2-12、表 2-13、表 2-14、表 2-15、表 2-16 中，C・R 分别为 0.000 0、0.000 0、0.000 0、0.000 0、0.022 6，均小于 0.1，通过一致性检验，说明权重合理。农村中小金融机构综合绩效评价体系指标权重详见表 2-17。

表 2-17　农村中小金融机构综合绩效评价体系指标权重

一级指标	相对权重	二级指标	相对权重	最终权重
安全性 U_1	0.397 6	资本充足率 U_{11}	0.500 0	0.198 8
		不良贷款率 U_{12}	0.500 0	0.198 8
流动性 U_2	0.236 4	涉农贷款比例 U_{21}	0.500 0	0.118 2
		可贷资金 U_{22}	0.500 0	0.118 2
盈利性 U_3	0.198 8	净利润 U_{31}	0.666 7	0.132 5
		利息收入 U_{32}	0.333 3	0.066 3
成长性 U_4	0.167 2	最大股东股权比例 U_{41}	0.666 7	0.111 4
		从业人员受教育水平 U_{42}	0.333 3	0.055 7

由表 2-17 可以看出，在农村中小金融机构经营中安全性最为重要，其次是流动性和盈利性，说明农村中小金融机构在实际经营中最重要的特征是稳健。究其原因，农村中小金融机构由于成立时间较短，公众对其认知程度较低，面对农村合作金融机构长期垄断农村信贷市场的这一局面，竞争优势不明显，因此，作为经营货币资金的金融机构来说，稳健经营确保不被挤出市场是至关重要的。

4. 综合评价得分

由表 2-18 可以看出，农村中小金融机构综合绩效得分为 0.681 8，处于中等偏上水平，其中，村镇银行综合绩效最优（0.742 1），小额贷款公司次之（0.693 0），资金互助社最差（0.552 7）。

表 2-18　农村中小金融机构综合绩效评价

样本类别		综合得分
村镇银行（A）	样本 A1	0.655 9
	样本 A2	0.614 6
	样本 A3	0.709 5
	样本 A4	0.992 1
小额贷款公司（B）	样本 B1	0.695 4
	样本 B2	0.613 2
	样本 B3	0.675 9
	样本 B4	0.761 6
	样本 B5	0.706 0
	样本 B6	0.702 4
	样本 B7	0.675 4
	样本 B8	0.649 3
	样本 B9	0.719 1
	样本 B10	0.629 2
	样本 B11	0.690 8
	样本 B12	0.714 2
	样本 B13	0.776 0
资金互助社（C）	样本 C1	0.574 1
	样本 C2	0.541 5
	样本 C3	0.542 5
村镇银行		0.742 1
小额贷款公司		0.693 0
资金互助社		0.552 7
农村小型金融机构		0.681 8

结合实地调查，不难发现原因所在。村镇银行在三类农村中小金融机构中发展比较早，先一步与客户建立了良好的互动关系，逐渐形成了稳定的客户群；其注册资本多、规模大，既有存款业务又有贷款业务，充足的资金量能够满足客户的多种业务需求；由董事会、监事会、理事会以及经营管理层构建的“三会一层”现代化企业管理制度，治理结构完善，专业化程度高，能够显著提升机构绩效。小额贷款公司只贷不存的规定使其业务发展受到了一定限制，但多地处市区或县城地理位置较好的地段，客户量较大；其业务重点多放在其他大型金融机构出于安全性考虑很少涉足的业务上，并且手续简便快捷，受到急需解决流动资金周转问题的中小企业的青睐；并且涉农业务比较少，放贷期限多为3～6个月，利率浮动多在基准利率的3倍以上，从而收益率较高。农村资金互助社是一种社区互助性银行业机构，参与调查的资金互助社注册登记部门为当地民政部门，面临的客户群相对较小，业务种类少且为保本微利，目的在于帮助农户脱贫致富和扶持企业发展，带有扶贫性质，绩效很低。

（二）农村中小金融机构绩效影响因素分析

为充分论证影响农村中小金融机构绩效因素的重要性，本章运用普通最小二乘法进行回归分析。从回归结果看，可决系数较高，自变量对因变量具有较高解释度，模型整体拟合优度较好，具体如表2-19所示。

由表2-19可知，该回归模型的标准化回归方程为 $Y=-0.024X_1+0.194X_2-0.463X_3+0.499X_4+1.293X_5+0.003X_6$

表2-19　农村中小金融机构绩效影响因素的线性回归结果

变　量	标准化系数	标准误差	t 值（检验）	显著性
常数		0.082	4.558	0.001
当地GDP（X_1）	−0.024	0.000	−0.169	0.868
经营区域（X_2）	0.194	0.024	1.013	0.320
贷款市场占有率（X_3）	−0.463**	28.223	−2.570	0.023
注册资本（X_4）	0.499***	0.000	3.284	0.006
最大股东股权比例（X_5）	1.293***	0.116	6.056	0.000
在职员工总数（X_6）	0.003	0.002	0.022	0.983
可决系数（R-squared）			0.835	
对数似然值（Log likelihood）			36.753	
F统计量（F-statistic）			11.001	
D-W统计量			2.101	
样本数			20	

注：***代表在1%的置信水平上显著，**代表在5%的置信水平上显著，*代表在10%的置信水平上显著。

以上结果表明，当地 GDP、经营区域、在职员工数对绩效得分影响均不显著；在 5%的显著水平上，贷款市场占有率与绩效得分负相关；在 1%的显著水平上，注册资本、最大股东股权比例与绩效得分正相关。

在反映宏观经济环境的变量中，农村中小金融机构所处区域 GDP 与经营区域所在地（市区、县城、乡镇）对其绩效的影响均不显著，说明区域经济的快速发展并未带来农村中小金融机构的绩效的实质增长，这可能是由于市场结构的原因，经济增长的获益方多为具有竞争实力的参与者，作为农村中小金融机构的主要客户群的农户与农村中小企业并未得到实质的利益，自身发展乏力，从而导致了农村中小金融机构的收益较低。此外，虽然农村中小金融机构的经营应以服务所在区域为主，但出于分散业务区域、降低经营风险的考虑，已经悄然扩大经营区域的范围，因此所处区域位置并未对其绩效产生重大影响。

在反映市场结构的变量中，一般而言，企业市场占有率越高，说明其在市场上的垄断程度越高，可以凭借规模优势达到降低成本、提高利润的目的，然而对于农村中小金融机构，贷款市场占有率越高，绩效却越低，这可能是由于在成立初期，偏重于追求贷款规模的扩大，盲目招揽业务、抢占市场份额，导致其中存在可疑贷款或损失贷款，最终造成一定损失，从而降低了农村中小金融机构的绩效。

在反映银行规模的变量中，最大股东股权比例越高，说明股权集中度越高，存在极少数大股东持有大部分股份的现象。大多数研究表明，出于保护投资的需要，大股东往往会加强对经营决策者的激励和监督，一定程度上降低了其在做投资决策时的道德风险，从而对提升效率具有正向激励。因此，大股东股权比例越高，农村中小金融机构绩效越高。此外，注册资本是农村中小金融机构从事经营活动的物质基础，注册资本的多少直接反映其经营规模，往往是其实力大小的明证；注册资本越多，社会群体对其信赖程度就越高，从而起到了一种信用担保的作用，吸引更多的投资者参与业务活动，因此能对绩效起到正的激励作用。

第三节　农村中小金融机构绩效评价

一、研究方法与数据来源

（一）研究方法与模型

本章采用 DEA 模型评价西部地区农村中小金融机构运行和支农绩效。数据包络分析法是由查恩斯（Charnes）和库伯（Cooper）在 1978 年提出的一种评价决策单元相对有效性的系统分析方法。传统 CCR 模型假设对 n 个决策单元的效率进行比较，各个决策单元有 m 种投入变量和 s 种产出变量，评价西部地区农村金融市场的效率，假设有 m 种影响农村金融效率的投入要素，有 s 种反映农村金融效率的产出要素，有 n 个农村金融效率评价的决策单元。其中，第 j 个评价决策单元 DUM_j 的投入记为 $X_j=(x_{1j}, x_{2j}, \cdots, x_{mj})^T$，产出记为 $Y_j=(Y_{1j}, Y_{2j}, \cdots, Y_{mj})^T$，$DUM_j$ 的效率评价指数为

$$h_j=\frac{u^T Y_j}{v^T X_j}, \quad j=1, 2, \cdots, n$$

始终可以适当选择权系数 u、v，使得 $h_j \leqslant 1$，以其为约束条件，构造 CCR 模型：

$$\text{Max} \frac{u^T Y_0}{v^T X_0}=h_0$$

$$s.t. \ \frac{u^T Y_j}{v^T X_j} \leqslant 1, \ u \geqslant 0, \ v \geqslant 0, \ j=1, 2, \cdots, n$$

对上式进行 Charnes-Cooper 变换，通过得到的线性规划模型而产生的对偶规划模型为：

$$\text{Min} \left[\theta-\varepsilon\left(e^T s^- + e^T s^+\right)\right]$$

$$s.t. \begin{cases} \sum_{j=1}^{n} \lambda_j x_j + s^+ = \theta x_0 \\ \sum_{j=1}^{n} \lambda_j y_j - s^- = y_0 \\ \lambda_j \geqslant 0, j = 1, 2, \cdots, n \\ s^- \geqslant 0, s^+ \geqslant 0 \end{cases}$$

θ 是决策单元 DUM_j 的相对效率值，反映投入相对于产出的有效程度，且 $0 \leqslant \theta \leqslant 1$。当 $\theta=1$，且 $s^+=0$、$\varepsilon^-=0$ 时，DUM_j 为有效的决策单元；当 $\theta=1$，且 $s^+>0$ 或 $s^->0$ 时，DUM_j 为弱有效的决策单元；当 $\theta<1$ 时，DUM_j 则是无效决策单元。

CCR 模型中的最优值可以判断 DUM 的规模收益情况，具体表现在：

(1) 如果存在 λ^* $(j=1, 2, \cdots, n)$ 使得 $\sum_{j=1}^{n} \lambda_j^* = 1$，则 DUM 的规模收益不变；

(2) 如果不存在 λ^* $(j=1, 2, \cdots, n)$ 使得 $\sum_{j=1}^{n} \lambda_j^* = 1$，若 $\sum_{j=1}^{n} \lambda_j^* = 1$，则 DUM 的规模收益递增；

(3) 如果不存在 λ^* $(j=1, 2, \cdots, n)$ 使得 $\sum_{j=1}^{n} \lambda_j^* = 1$，若 $\sum_{j=1}^{n} \lambda_j^* = 1$，则 DUM 的规模收益递减。

由于有很多的因素可能导致DUM存在规模报酬变化，因此，在固定的规模报酬的基础上，班克（Banker）（1984）在CCR模型上增加了一个凸性假设之 $\sum_{j=1}^{n}\lambda_j^* = 1$，得到BCC模型。

通过执行CRS和VRS DEA，可以获得机构的规模效率。其关系可以表示为

$$TE_{CRS}=TE_{VRS}\times SE$$

其中，TE_{CRS}表示规模收益不变的技术效率得分，TE_{VRS}表示规模收益可变的技术效率得分，SE表示规模效率得分。

（二）数据来源

本章数据由课题小组成员于2012年暑假分别对宁夏回族自治区吴忠市同心县、陕西省渭南市、延安市安塞县、宝鸡市岐山县和商洛市洛南县调查整理所得，其中，渭南小额贷款公司14家，安塞、岐山和洛南村镇银行4家，宁夏农村资金互助社3家。选取2010—2012年上半年相关数据指标。部分欠缺数据采用相关趋势进行拟合。

二、农村中小金融机构绩效评价

（一）村镇银行指标与样本选择

吴少新等选取村镇银行职工人数、资本金和主营业务成本作为投入指标，主营业务收入、存款规模和净利润作为产出指标，结果表明，我国村镇银行的整体效率参差不齐，比较而言，资本实力较弱、存款规模小、主营业务盈利能力差的村镇银行经营效率低。于卫平等选取村镇银行营业费用、利息支出、可贷资金与职工人数作为投入指标；贷款余额、利息收入、净利润作为产出指标，结果表明4家样本村镇银行的DEA效率值均为1，即这4家村镇银行均为有效单元，运行绩效良好。

村镇银行以经营存、贷款并办理转账结算为主要业务，为了突出反映村镇银行的经营效率，选取营业费用、可贷资金与职工人数作为投入指标；贷款余额、利息收入作为产出指标。不选取净利润作为产出指标，是因为调查的部分村镇银行成立时间较短，甚至还没实现盈利，导致净利润表现为负值，这将影响模型的有效性。为了充分了解陕西省村镇银行的发展现状，课题组对宝鸡岐山硕丰村镇银行（样本1）、安塞农银村镇银行（样本2）、安塞建信村镇银行（样本3）和洛南阳光村镇银行（样本4）这4家省内不同地区的村镇银行进行了调研，选取这4家村镇银行2010年、2011年度的投入产出数据作为样本进行对比研究，来评估村镇银行的经营效率。

（二）村镇银行实证结果及分析

利用DEA方法的BCC模型，通过DEAP2.1软件分别计算出4家村镇银

行各年度的综合技术效率（crste）、纯技术效率（vrste）、规模效率（scale），结果如表2-20所示。

表2-20　4家村镇银行运行效率值

公司	2010年				2011年			
	综合技术效率	纯技术效率	规模效率		综合技术效率	纯技术效率	规模效率	
1	1	1	1	—	1	1	1	—
2	0.719	1	0.719	递增	0.998	1	0.998	递减
3	0.480	1	0.480	递增	1	1	1	—
4	1	1	1	—	1	1	1	—
均值	0.8	1	0.8	—	1	1	1	—

分析结果表明，2010年4家村镇银行综合技术效率均值为0.8，纯技术效率均值为1，规模效率均值为0.8。其中，样本1、样本4村镇银行的DEA效率值均为1，说明这2家村镇银行均为有效单元，运行绩效良好。样本2、样本3村镇银行的综合技术效率值小于1，这2家银行为非DEA有效，但纯技术效率值都达到1，反映了综合技术效率的无效是由规模效率导致，且这2家村镇银行都处于规模收益递增阶段。由于样本2、样本3分别成立于2010年3月和2010年7月，在短期内的投入产出没有达到最优状态。

2011年4家村镇银行综合技术效率均值、纯技术效率均值、规模效率均值都达到1，总体上达到了DEA有效。其中样本1、样本3、样本4村镇银行的DEA效率值均为1，说明这3家村镇银行均为有效单元，运行绩效良好。样本2村镇银行的综合技术效率值小于1，并处于规模收益递减阶段，这家银行为非DEA有效。其中纯技术效率值达到1，反映了该机构运行的效率和管理水平达到DEA有效。综合技术效率的无效是由规模效率低下导致，应通过提高村镇银行的规模效率来提高综合技术效率。

通过分析结果对比可知，村镇银行的综合技术效率逐渐提高，近几年得到了迅猛发展，在解决农村金融市场供给不足、竞争不充分、体制不完善、服务缺失等方面起到了重要的作用。但是由于刚刚起步，其发展还面临着很多问题与挑战。突出表现在村镇银行规模过小，注册资本水平低，在县（市）设立的村镇银行注册资本不低于300万元。在乡（镇）设立的村镇银行注册资本不低于100万元。所调研的4家村镇银行注册资本都在3 000万元以内，而洛南阳光村镇银行的注册资本仅有300万元。银行规模过小，无法与其他农村银行类金融机构相抗衡。由于资本实力单薄，导致村镇银行抗风险能力较差。

（三）小额贷款公司指标与样本选择

国外学者的研究一般使用以下一些投入产出指标。卡尤姗（Qayyum）等使用的投入指标：信贷官员数和每一借款者的成本；产出指标：已支付的贷款。巴西姆（Bassem）选择的投入指标：员工数和总资产；产出指标：女性客户数和资产收益率。哈桑（Hassan）等选择的投入指标：总财务费用、财务支出、贷款损失准备金、操作费用、人员；产出指标：总贷款组合、总资金、金融业务收益、主动借款者数量。国内学者研究选取的指标存在差异，王杰选择小额贷款公司的总资产、职工人数、地区人均 GDP 为投入指标；选择累计贷款总额、营业收入作为产出指标。于转利等选择投入指标为资产总额、贷款余额、信贷员数；产出指标为贷款客户数和还款率，对小额信贷机构的全要素生产率进行测算和分解。参照以往研究经验，本文选择投入指标为：小额贷款公司可贷资金、营业费用、员工人数；产出指标为贷款总额、利息收入、净利润。

本课题选取陕西省渭南地区 14 家小额贷款公司作为研究样本。由于小额贷款公司名称较长，下文分别用样本 1～14 代表各小贷公司，即临渭区海博小额贷款公司（样本 1），临渭区航海小额贷款公司（样本 2），临渭区国欣小额贷款公司（样本 3），临渭区信达小额贷款公司（样本 4），富平县惠民小额贷款有限责任公司（样本 5），澄城县聚帮小额贷款公司（样本 6），澄城县汇鑫小额贷款有限责任公司（样本 7），蒲城融发小额贷款公司（样本 8），华县兴华小额贷款有限公司（样本 9），华县恒盛小额贷款公司（样本 10），大荔县东胜小额贷款有限公司（样本 11），大荔县胜达小额贷款公司（样本 12），潼关县聚邦小额贷款有限责任公司（样本 13），合阳县万源小额贷款有限责任公司（样本 14）。由于小额贷款公司成立时间较短，故样本数据只选取这 14 家小额贷款公司 2011 年、2012 年上半年的投入产出数据，数据来自研究课题于 2012 年 7 月在渭南地区的实地问卷调查。

（四）小额贷款公司实证结果及分析

采用 14 家小额贷款公司填写的问卷信息整理的数据进行 DEA 分析，得出结果如表 2-21 所示。

表 2-21　14 家小额贷款公司运行效率值

公司	2011				2012（上）			
	综合技术效率	纯技术效率	规模效率		综合技术效率	纯技术效率	规模效率	
1	1	1	1	—	0.644	0.952	0.676	递增
2	0.758	1	0.758	递增	0.32	0.853	0.375	递增
3	1	1	1	—	0.902	0.929	0.971	递增
4	1	1	1	—	0.67	0.687	0.976	递减
5	0.729	0.789	0.925	递增	0.516	1	0.516	递增

（续）

公司	2011				2012（上）			
	综合技术效率	纯技术效率	规模效率		综合技术效率	纯技术效率	规模效率	
6	0.551	1	0.551	递增	0.469	0.758	0.618	递增
7	1	1	1	—	1	1	1	—
8	0.634	1	0.634	递增	1	1	1	—
9	0.936	1	0.936	递增	0.586	0.792	0.74	递增
10	0.648	1	0.648	递增	1	1	1	—
11	1	1	1	—	1	1	1	—
12	0.416	0.498	0.837	递增	0.524	0.618	0.847	递增
13	1	1	1	—	1	1	1	—
14	0.507	1	0.507	递增	0.554	0.934	0.594	递增
均值	0.799	0.949	0.843	—	0.727	0.894	0.808	—

2011 年 14 家小额贷款公司综合技术效率（crste）均值是 0.799，纯技术效率（vrste）均值是 0.949，规模效率（scale）均值是 0.843。有 6 家小额贷款公司达到最佳状态，处于技术效率有效前沿面上，技术效率、纯技术效率、规模效率都达到 1，其中临渭区有 3 家。除了样本 5、样本 12 小额贷款公司的纯技术效率没有达到 1，其余 12 家小额贷款公司的纯技术效率均达到 1，反映了这 12 家机构运行的效率和管理水平达到 DEA 有效。有 8 家小额贷款公司表现为规模报酬递增，说明可以通过扩大经营规模来提高综合技术效率。

2012 年上半年 14 家小额贷款公司综合技术效率均值是 0.727，纯技术效率均值是 0.894，规模效率均值是 0.808。有 5 家小额贷款公司达到最佳状态，处于技术效率有效前沿面上。临渭区的 4 家小额贷款公司运行绩效未达到最优，并且样本 4 处于规模报酬递减阶段，说明这家小额贷款公司可以通过控制投入要素数量、调整经营规模来提高综合技术效率。

总体来看，14 家小额贷款公司技术效率较低的原因是纯技术效率和规模效率较低。相对而言，规模效率低于纯技术效率，2012 年上半年的运行绩效相对 2011 年稍有下降。分析可知，规模较小是小额信贷机构效率低下的主要原因，并且管理等因素也对效率低下有影响。由表 2-21 数据计算可知，2011 年 DEA 有效的机构只占所研究机构的 42.86%，2012 年上半年 DEA 有效的机构占比 35.71%。这说明，渭南地区小额贷款公司的发展还处于不成熟阶段，资源的配置也没有达到最佳，市场良性竞争的环境还没有完全建立。因此，小额贷款公司应结合当地的经济状况，通过扩大经营规模来提高规模效率，控制经营风险，加强内部管理，以此实现综合技术效率的提高。

（五）农村资金互助社指标与样本选择

在我国各地不断被复制和推广的农村资金互助社，其组织的基本形式和原理大同小异，即基于一定社区（村）、一定经济区域的全部或部分村民和小企业，按照一定规则出资，组成仅限于成员间不断借贷的信贷基金，满足成员的小额信贷资金需求。农村资金互助社，是一个以自主组织形式存在的可持续发展的民间金融机构。它利用合作社成员零散资金或暂时让渡的生产资金，通过余缺调剂解决成员的临时性资金短缺，或是满足成员发展个体工商业务的资金需求。参照以往研究经验，选择投入指标为：农村资金互助社可贷资金、营业费用、员工人数，产出指标为：利息收入、净利润。

本课题选取宁夏回族自治区吴忠市同心县 3 家农村资金互助社作为研究样本，分别是河西镇上河湾村村级发展互助资金管理委员会（样本 1），丁塘镇金家井村村级发展互助资金管理委员会（样本 2），丁塘镇新华村村级发展互助资金管理委员会（样本 3）。样本数据为这 3 家农村资金互助社 2010 年至 2012 年上半年的投入产出经济数据，数据来自课题组成员 2012 年 7 月在宁夏同心县的实地问卷调查。

（六）农村资金互助社实证结果及分析

以 3 家农村资金互助社的调查数据为基础数据，计算宁夏回族自治区吴忠市同心县 3 家农村资金互助社 2010 年至 2012 年上半年期间的曼奎斯特（Malmquist）指数及其分解，结果详见表 2-22。表中指标含义：effch 是技术效率变化指数，代表综合技术效率变化情况；techch 是技术变化指数，代表技术进步情况；pech 是纯技术效率变化指数，代表管理等纯技术效率变化情况；sech 是规模效率变化指数，代表规模效率变化情况；tfpch 是全要素生产率变化指数，代表全要素生产力情况，也就是总体生产力情况。

表 2-22 3 家农村资金互助社全要素生产率

公司	effch	techch	pech	sech	tfpch
1	1.000	0.995	1.000	1.000	0.995
2	1.005	0.995	1.005	1.000	1.000
3	1.000	1.003	1.000	1.000	1.003
均值	1.002	0.998	1.002	1.000	0.999

3 家农村资金互助社中全要素生产力最高的是样本 3。其全要素生产率变化指数为 1.003，最低的是样本 1，全要素生产率变化指数为 0.995。总体来看，3 家农村资金互助社整体全要素生产率变化指数均值为 0.999，趋近于 1，主要是由于技术效率变化指数、纯技术效率变化指数大于 1，技术变化指数小

于1引起的，即技术效率的提高促进农村资金互助社总体生产力的提高。

样本1的技术变化指数小于1，导致其全要素生产率变化指数小于1，说明该农村资金互助社总体生产力下降。样本2的全要素生产率变化指数等于1，说明该农村资金互助社总体生产力保持不变。样本3的技术变化指数大于1，从而其全要素生产率变化指数大于1，说明该农村资金互助社总体生产力提高。3家农村资金互助社的规模效率变化指数均为1，代表现有规模效率保持有效的水平。

农村资金互助社不仅使农户获得了资金服务，满足了零星、小额的资金需求，填补了农村正规金融的不足，更重要的是农户有了负债意识、正确的金融意识，培育了农村信用文化，改善了农村金融生态。农村资金互助合作社的出现，有利于民间借贷行为由地下转为地上，将为民间融资行为提供可行的组织化通道。但其资金实力有限，作为一种有效调剂农户之间资金余缺的方式，政府应当鼓励自下而上的农民合作互助融资形式的发展以缓解农村资金供给不足的问题。

三、农村中小金融机构支农绩效评价

（一）数据指标及总体分析

受制于数据的可获得性，因此本课题采用横截面数据进行效率评价。以使模型数据更加准确。调研对象为21家，其中小额贷款公司有14家，分别是海博、航海、国欣、信达、潼关聚邦、东胜、胜达、兴华、恒盛、万源、惠民、融发、澄城聚邦和汇鑫；村镇银行有4家，分别是阳光、硕丰、农银和建信；农村资金互助社有3家，分别是上河湾、金家井和新华。选择的投入和产出指标见表2-23。

表2-23　投入、产出指标定义

指标变量	指标定义	单位
投入变量		
农户贷款额	农村金融机构向农户贷款并且还未归还的额度	万元
贷款农户数	农村小型金融机构中贷款的农户数目	户
农户贷款笔数	农村小型金融机构向农户贷款的笔数	笔
产出指标		
农户贷款比例	农村小型金融机构贷给农户占总贷款额的比重	%
农户贷款便利程度	根据农户调查问卷样本中，基于基本满意及以上占总农户贷款的比例	%
农户贷款满意程度	根据农户调查问卷样本中，基于基本满意及以上占总农户贷款的比例	%

在图2-8中可以看到，从总体支农效率来看，在21家调查样本中，有7家的支农综合效率值为1，其中小额贷款公司4家，分别是国欣、潼关聚邦、

万源和融发；农村资金互助社 2 家，分别是金家井村和新华村；阳光村镇银行 1 家。这表明 7 家单位均为 DEA 有效，而且都处于规模收效不变阶段，相对于其他样本单位来说，它们按现有投入水平得到的支农产出水平是最优的。而支农综合效率在 0.7 以下的有 6 家，分别是海博、航海、恒盛和惠民小额贷款公司，农银村镇银行和上河湾农村资金互助社，其中效率最低的是海博小额贷款公司，仅为 0.394，影响海博小额贷款公司总体支农效率的原因是支农技术效率，并且处于规模报酬递增阶段，表明可以从支农对象、支农层次和支农规模上进一步优化相关配置，以使总体支农效率进一步提高。

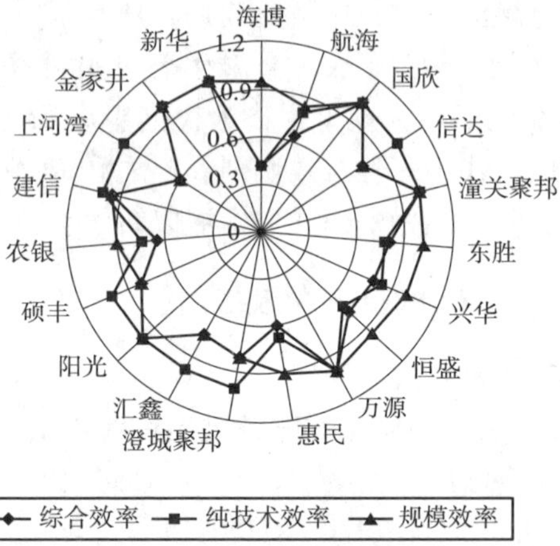

图 2-8　农村中小金融机构的支农效率雷达图

（二）小额贷款公司实证结果及分解分析

由表 2-24 中可知，2011—2012 年（上）渭南市 14 家小额贷款公司中，全市的支农综合效率差异较为明显，2012 年（上）最高效率指数为 1，而最低的却只有 0.244，远远低于全市的 0.492。2011 年全市的平均支农综合效率为 0.796，而 2012 年（上）的平均支农综合效率仅为 0.492，呈现较大幅度的下降，这也与理论预期相符，由于 2012 年只取上半年的调研数据，根据农业的季节性，支农产生的效益往往会在年底才能显现出来，因此，2012 年（上）的平均支农综合效率值并不能代表整体的效率，可以肯定的是，年底的效率值会进一步提升。

表 2-24　小额贷款公司支农综合效率

公司	2011 年	2012 年（上）	均值	排名
1	0.394	0.244	0.319	14
2	0.652	0.575	0.613	9
3	1.000	0.509	0.754	3

（续）

公司	2011 年	2012 年（上）	均值	排名
4	0.744	0.663	0.703	5
5	1.000	0.318	0.659	7
6	0.766	0.471	0.618	8
7	0.944	0.436	0.690	6
8	0.779	0.396	0.587	10
9	0.693	0.227	0.460	13
10	1.000	0.450	0.725	4
11	0.617	0.478	0.547	11
12	1.000	1.000	1.000	1
13	0.821	0.799	0.810	2
14	0.746	0.331	0.538	12
均值	0.796	0.492		

注：运用 DEAP2.1 软件运行 CCR 模型。

运用 DEAP2.1 软件运行 BCC 模型，计算出 2011—2012 年（上）14 家小额贷款公司的支农技术效率和支农规模效率，其结果见表 2-25 和表 2-26。

表 2-25　小额贷款公司支农技术效率

公司	2011 年	2012 年（上）	均值	排名
1	0.418	0.244	0.331	14
2	0.782	0.647	0.714	9
3	1.000	0.524	0.762	1
4	1.000	1.000	1.000	1
5	1.000	1.000	1.000	1
6	0.767	0.499	0.633	12
7	1.000	0.467	0.733	8
8	0.803	0.436	0.619	13
9	0.737	0.566	0.651	11
10	1.000	1.000	1.000	1
11	0.682	0.627	0.654	10
12	1.000	1.000	1.000	1
13	1.000	1.000	1.000	1
14	1.000	1.000	1.000	1
均值	0.871	0.715	—	—

表 2-26 小额贷款公司支农规模效率

公司	2011 年		2012 年（上）		均值	排名
1	0.941	递增	1.000	—	0.970	4
2	0.834	递增	0.889	递增	0.861	7
3	1.000	—	0.971	递增	0.985	2
4	0.744	递减	0.663	递减	0.703	11
5	1.000	—	0.318	递减	0.659	13
6	1.000	—	0.944	递增	0.972	3
7	0.944	递减	0.934	递减	0.939	5
8	0.970	递增	0.907	递增	0.938	6
9	0.941	递减	0.400	递减	0.670	12
10	1.000	—	0.450	递减	0.725	10
11	0.904	递减	0.763	递减	0.833	8
12	1.000	—	1.000	—	1.000	1
13	0.821	递减	0.799	递减	0.810	9
14	0.746	递减	0.331	递减	0.538	14
均值	0.917	—	0.741	—	—	—

注：运用 DEAP2.1 软件运行 BCC 模型。

从表 2-25 中可知，2011—2012 年（上）小额贷款公司的支农技术效率大体上没有多大的降幅，其中 2011 年支农技术效率为 1 的小额贷款公司有 8 家，2012 年（上）支农技术效率为 1 的有 6 家，其中，样本 3 和样本 7 的效率下降，下降最为明显的是样本 7，仅为 0.467。从表 2-26 中得知，这两年来小额贷款公司的支农规模效率下降的幅度略微大于支农技术效率。其中，样本 12 达到最优状态，同时也处于规模报酬不变阶段，而样本 14 排名最低并且也处于规模报酬递减阶段。从表 2-26 中还可以观测出，处于规模报酬递增阶段的小额贷款公司，其效率排名都较为靠前，而递减阶段的大部分都排名靠后。

理论上支农综合效率（TE）＝支农技术效率（PTE）×支农规模效率（SE），因此，可以进一步将小额贷款公司的支农综合效率分解为支农技术效率和支农规模效率来判断小额贷款公司支农低效的来源。支农技术效率是剔除规模影响后小额贷款公司的支农技术状况，可以近似地理解为小额贷款公司运用支农贷款的水平，而支农规模效率则可以帮助判断支农规模状态。通过比较支农技术效率和支农规模效率的相对大小，找出导致该小额贷款公司支农综合效率低下的原因。如果支农技术效率＜支农规模效率，那么导致支农综合效率低效的主要原因是支农技术效率；如果支农规模效率＜支农技术效率，那么导致支农综合效率低效的主要是支农规模效率。

（三）村镇银行实证结果及分解分析

由表 2-27 中可知，2010—2012 年（上）陕西省三地县村镇银行中，平均支农综合效率分别为 0.909、0.847、0.648，近三年来有一定幅度的下降，其中样本 15 支农综合效率指数最高，达到 1.000；而样本 17 的效率最低，三年分别为 0.769、0.645 和 0.407，远远低于平均水平。

表 2-27　村镇银行支农综合效率

年份	15	16	17	18	均值
2010	1.000	0.87	0.769	1.000	0.909
2011	1.000	0.813	0.645	0.930	0.847
2012（上）	1.000	0.484	0.407	0.701	0.648
均值	1.000	0.722	0.607	0.877	
排名	1	3	4	2	

第三章 农村金融体系创新策略

金融体系的发展特别是银行组织机构体系的发展，对经济增长有正相关关系。为了促进我国农村经济的发展，农村金融组织体系的变迁是以政府主导和自发创新两种方式推进的，呈现出一定的多元化特征。但是，在满足农村金融需求上，现有农村金融组织体系仍存在一些明显的不足。构建地方性、区域性、中小化、草根性为主要特征的农村金融机构体系，是解决我国农村金融市场供求矛盾的最佳选择。

第一节 农村金融组织体系创新路径

一、农村金融组织体系发展与变迁的路径及其特征

改革开放以前，高度集中的计划经济体制造就了一个高度集中的银行体系，在很长时期内，中国人民银行是全国唯一的银行，它的分支机构按行政区划逐级设立于全国各地，各级机构按总行统一的指令和计划办事。其间虽然曾经存在一些专业性的银行和非银行金融机构，但是却几乎没有任何独立的地位。在这个过程中，随着信贷管理体制集中度的调整，金融组织体系的集中度也发生变化，农村金融机构也在分设与合并的命运中游走，一直没有形成稳定而独立的农村金融组织体系。

1980年代以来，中国经济领域发生了一系列变化，其中在农业和农村经济领域、金融领域发生的变化最为突出。一是在农业和农村经济领域，在土地承包基础上建立了以家庭经营为主体的经营机制，农民成为农村经济活动的主体。二是1978年以来中国卓有成效的农村经济改革，推动了农村经济的商品化和货币化，产生了投资主体多元化和融资主体多元化的要求。在这种情况下，建立一个什么样的农村金融组织体系才能适应经济体制转轨和经济发展的需要，是农村经济体制改革过程中需要着力解决的一个重要问题。这也是中国农村金融组织体系变迁的初始动因，并由此演绎了一场以金融机构多样化为主要内容的农村金融组织体系变革。

农村金融组织体系的变革与创新，主要是从两个领域同时推进的：一是在政府主导下的正规金融领域内的农村金融组织机构存量结构重组和增量改进。

农业银行的恢复和分支机构的增设，农村信用社与农业银行的脱钩，农村信用社县级联社的建立，农业发展银行的成立和机构的下延，股份制商业银行的诞生，以及从2005年5月开始，中国人民银行和地方政府联合推进的只贷不存小额贷款公司，村镇银行的产生，邮政储蓄业务的开展及邮政储蓄银行的成立等，都属于一种增量改进。而农村信用社向农村商业银行和农村合作银行的转型，则属于存量结构的重组，并部分地产生了增量结构调整效应。二是在经济发展过程中因正规金融供给不足而催生和成长了其他非正规金融组织机构，如：农村合作基金会的产生与发展；1986年开始的金融紧缩政策，为农村民间金融组织和民间借贷活动的发展提供了机会，促进了民间金融组织的发育；1994年及其以后的非政府小额信贷组织的产生与发展、农户资金互助合作组织的产生、农村社区发展基金的萌生和繁衍等，均是在正规金融不足约束下由需求催生的民间自我金融组织创新的产物。

当然，还有两个领域混合推进的情况，即正规金融创新不足→民间内生自发金融创新，产生非正式金融组织制度安排→政府承认、加以总结和规范、以法律或规章等方式固定下来，并加以推广，非正式金融组织进而成为一种正式的制度安排。农村资金互助社就是这种创新的代表。

于是，在中国农村金融领域，就形成了正式的金融机构和民间融资并存的局面，形成了以农村信用社为基础，商业银行、政策性银行分工协作，农村民间金融为补充的农村金融组织体系。同时组建了政策性农业保险公司、互助保险公司、政策性担保公司，各级政府及部门还组建了一些金融信托投资公司等。

近30年，我国来农村金融组织创新所取得的实质性进展，在于造就了一批相对独立的农村金融组织机构，农村金融组织机构多元化局面初步出现。从宏观角度考察，农村金融机构的多元化，具有以下三个方面的特征：

（1）金融机构种类多元化，表现为九个并存，即国有金融机构与非国有金融机构并存、正规金融机构与非正规金融机构并存、商业金融机构与政策性金融机构和合作金融机构并存、银行金融机构与非银行金融机构并存、大型金融机构与中小金融机构并存、批发性金融机构与零售性金融机构并存、存款型金融机构与非存款型金融机构并存、自营性金融机构与代理型金融机构并存、可持续发展的金融组织与临时性的金融组织并存。

（2）产权主体形式安排多元化，国有控股、股份制、中外合资和合作制等并存。

（3）农村金融市场金融服务供给主体多元化，市场竞争格局逐渐形成。

二、农村金融组织体系的困境及其变迁模式的转型

农村金融组织机构的多元化，也必将推动金融业务、市场结构、监管机制

的变化：

（1）与农村金融组织机构多元化并存的是金融业务的多样化。多元化的金融机构的存在，为提供多样化的业务、满足社会大众多样化的金融需求提供了组织制度保障。

（2）农村金融组织机构多元化最终导致农村金融市场结构的改变。这种改变主要体现在农村社会融资结构和市场占有结构的改变，即通过资本市场实现的直接融资和银行间接融资的结构将改变，间接融资内大银行和小银行融资的比重关系也会发生变化。国有及国有控股大型金融机构市场份额逐渐减少，农村中小金融机构的市场份额逐渐增加。

（3）农村金融组织机构多元化也要求监管手段和方式、机制的多元化。审慎监管与非审慎监管结合、现场监管与非现场监管结合、监管机构的监管与行业自律结合，是机构多元化状态下监管机制的重要特征。

但在满足农村金融需求上，现有组织体系也存在一些明显的不足。

第一，农村金融市场集中度较高，金融服务竞争严重不足。笔者组织的《银行家》研究中心课题组 2007 年 2 月在 SC、HN 的调研和 2007 年 5 月在 JL 省的 6 个县市的调研资料（见表 3-1）表明，县域存款市场被国有银行、农村信用社、邮政储蓄垄断，贷款市场被国有银行和农村信用社垄断。同时，在县域范围内，除 SC 省 YL 县的存款市场外，其余县域存款市场都是国有银行主导，而贷款市场上，除 JL 省 PS 县外，其他都是农村信用社主导，这也表明了国有银行在县域存贷款市场上的市场份额不对称，引起县域资金外流。

表 3-1　部分样本县域银行存贷款市场份额

单位：%

县城	存款占比			贷款占比	
	国有银行	农村信用社	邮政储存	国有银行	农村信用社
YL	38.2	41.6	20.2	36.6	63.4
LZ	52.8	32.6	14.6	30.7	69.3
SHP	43.5	29.8	26.7	35.1	64.9
QSH	46.8	28.5	24.7	27.0	73.0
PS	57.9	27.3	14.8	58.6	41.4
JT	49.6	42.1	8.3	14.1	85.9

注：国有银行包括四大国有商业银行，SC 省 YL、LZ、SHP、QSH 为 2007 年 1 月底的市场份额，JL 省 PS、JT 为 2007 年 4 月底的市场份额。

第二，正规金融机构在农村地区的多元化严重不足，竞争有限。就笔者参与的《银行家》研究中心“农村金融机构布局与农村金融供求”课题组调研的

6个样本县域考察，银行金融机构种类比较齐全（表3-2），既有国有商业银行、政策性银行、农村信用社，还有邮政储蓄，个别县域还有其他商业银行、村镇银行以及贷款公司，似乎已经在县域范围内形成了一种金融竞争的局面。但是，从这些金融机构在县域内的区域布局角度的考察后发现，在12个样本乡镇，除农村信用社和还没有开展贷款业务的邮政储蓄银行以外，仅有2个乡镇有农业银行的业务网点，同时在个别乡镇连邮政储蓄业务都没有（表3-3）。

表3-2　样本县域金融机构的种类及网点数

单位：个

	工行	农行	中行	建行	农发行	农村信用社	城商行	邮储	村镇银行	贷款公司
YL	0	8	0	0	1	72	0	58	1	1
LZ	3	12	3	3	1	86	1	16	0	0
SHP	1	6	0	2	1	31	0	19	0	0
QSH	1	7	0	2	1	32	0	13	0	0
PS	4	6	0	1	1	47	0	30	1	0
JT	2	10	2	2	1	49	0	28	0	0

注：SC省YL、LZ、SHP、QSH为2007年1月底的情况，JL省PS、JT为2007年4月底的情况。课题组在YL调研后的2007年3月1日，该县村镇银行、贷款公司各一家成立，增加了当地金融机构的种类。

表3-3　样本乡镇金融机构的布局状况

	县	乡镇	农村信用社	工商银行	农业银行	中国银行	建设银行	邮政储蓄
SC	YL	SJ	√	×	×	×	×	√
		MaA	√	×	√	×	×	√
	LZ	JN	√	×	×	×	×	√
		EL	√	×	×	×	×	√
HN	SHP	SZ	√	×	×	×	×	√
		FJQ	√	×	×	×	×	√
	QSH	SH	√	×	×	×	×	√
		SLH	√	×	×	×	×	√
JL	PS	CYS	√	×	×	×	×	√
		QCH	√	×	×	×	×	√
	JT	KL	√	×	√	×	×	√
		EDG	√	×	×	×	×	×

中国银监会2007年6月28日公布的《中国银行业农村金融服务分布图集》也显示，现有正规金融机构，深入农村不够，乡镇的金融市场没有形成有效竞争。

第三，农户和农村企业信贷融资仍然较为困难。根据国务院发展研究中心2005年的百村调查结果，农户从正规金融机构获得过贷款的比例只占样本的37.80%。同时农村私营企业从正规金融机构获得贷款也相当困难。在被调查企业中，有59.7%的企业将缺乏资金作为企业发展的主要障碍。

第四，银行主导着农村金融组织机构体系，除了银行金融机构以外，非银行金融机构极不发达，农村资本市场发展严重滞后，农户和农村中小微企业难以享受到除银行业务以外的其他金融服务，同时，农村金融市场融资结构中，间接融资比例占绝对优势。

也正因为如此，随着我国银行业市场对外开放程度的加深，特别是加入世贸组织以后，政府推动农村金融组织体系变迁的思维模式也在转型，这主要体现在以下几个方面：

（1）从以城市金融改革的思维模式推动农村金融改革转向从农村基本经济单元—农户、农村中小微企业的经济特征出发推动改革，促进中小微金融机构、草根金融机构的发展。

从已经发生的农村金融组织创新和变迁的历程中，可以清晰地看到城市金融改革模式的痕迹，如严格限制金融市场准入，严格限制中小商业银行的新设，忽视非政府小额信贷组织、民间金融等草根式金融服务机制的培育，主要依靠国有大型商业银行和农村信用社建设农村金融服务组织体系，以建设现代商业银行为目标改造农村信用社等。这种改革思维模式，是脱离中国农村现实的。

我国农村经济的基本特征是农户作为基本的经济单元，数量众多，规模小，布局分散。在金融机构与农户的信贷博弈中，信息不充分现象严重，交易成本高，同时，农户缺乏商业信贷交易所要求的财务信息和抵押资产。这样，在向农户提供信贷服务方面，依靠社会资本、本地知识和软信息、接近农户而近距离向农户提供服务的微中小金融机构、草根金融机构比依靠可以编码的硬信息而决策的大型金融机构更有优势。因此，在二元经济背景下，试图以城市金融改革的思路、以现代商业银行和大型金融机构为主导来解决农村金融服务不足的问题，是不现实的，这不仅不能解决现有农村金融机构本身存在的问题，而且也难以有效增加农村金融服务的供给。在中国，已经不缺大银行，缺的是社区性和合作、互助性质的金融机构，特别是在部分农村地区、中西部地区仍然缺乏基本的金融供给。

为此，中央政府和有关部门企图催生草根性农村金融服务机制和机构，从2004年至2007年连续4年的中央1号文件均可发现这一点。要“建立金融机构对农村社区服务的机制”“通过吸引社会资本和外资，积极兴办直接为‘三农’服务的多种所有制的金融组织”（2004)。“有条件的地方，可以探索建立更加贴近农民和农村需要、由自然人或企业发起的小额信贷组织”（2005）。“在保证资本金充足、严格金融监管和建立合理有效的退出机制的前提下，鼓励在县域内设立多种所有制的社区金融机构，允许私有资本、外资等参股。大力培育由自然人、企业法人或社团法人发起的小额贷款组织，有关部门要抓紧制定管理办法。引导农户发展资金互助组织”（2006）。要“大力发展农村小额贷款，在贫困地区先行开展发育农村多种所有制金融组织的试点”（2007）。

从 2005 年 5 月开始，中国人民银行和地方政府开始推动了主要由社会私营资本参与的“只贷不存”小额贷款公司的试验，并于 2005 年 12 月 27 日在山西省平遥县、2006 年 4 月 10 日在四川省广元市、8 月 15 日在贵州省江口县、9 月 18 日在陕西省户县、10 月 12 日在内蒙古自治区鄂尔多斯市总计建立了 7 家“只贷不存”小额贷款公司。2006 年 12 月 20 日，中国银行业监督管理委员会出台了《关于调整放宽农村地区银行业金融机构准入政策更好支持社会主义新农村建设的若干意见》（银监发〔2006〕90 号）（以下简称意见），调整和放宽农村地区银行业金融机构准入政策，降低准入门槛，积极支持和引导境内外银行资本、产业资本和民间资本到农村地区投资、收购、新设以下各类银行业金融机构：一是鼓励各类资本到农村地区新设主要为当地农户提供金融服务的村镇银行。二是农村地区的农民和农村小企业也可按照自愿原则，发起设立为入股社员服务、实行社员民主管理的社区性信用合作组织。三是鼓励境内商业银行和农村合作银行在农村地区设立专营贷款业务的全资子公司。四是支持各类资本参股、收购、重组现有农村地区银行业金融机构，也可将管理相对规范、业务量较大的信用代办站改造为银行业金融机构。五是支持专业经验丰富、经营业绩良好、内控管理能力强的商业银行和农村合作银行到农村地区设立分支机构，鼓励现有的农村合作金融机构在本机构所在地辖内的乡（镇）和行政村增设分支机构。并于 2007 年 1 月 22 日颁布了《村镇银行管理暂行规定》《贷款公司管理暂行规定》《农村资金互助社管理暂行规定》及其相关组建审批工作指引。首批确定在内蒙古、吉林、湖北、四川、青海和甘肃 6 个省（区）试点。截至同年 5 月 31 日，6 个试点省（区）共有 18 家新型农村金融机构开业，其中村镇银行 9 家，贷款公司 3 家，农村资金互助社 6 家。

（2）从试图用单一改革模式解决农村金融问题的思路转向多渠道推进农村金融组织体系创新，建设多元化的农村金融服务体系。

2003 年开始试点的新一轮农村信用社制度创新实践，已经毫无争议地证明，中国农村金融组织制度创新，不能冀望于一种模式，也不能将农村信用社制度创新的成功视为农村金融改革的成功，不能忽视多样化创新的需要。因此，2003 年开始试点、2004 年全面启动的新一轮农村信用社制度创新，不存在最优模式（何广文，2003），不搞全国“一刀切”，不在全国范围内推广一种模式，即使在一个地区，也可以多种模式并存。同时，在农村金融市场领域，培育其他金融组织，如担保公司、农业保险公司、典当、租赁、信托投资公司等。

三、农村金融组织创新对策

农村金融组织机构建设，需要立足于 4 点：①有利于克服信息不对称；②有利于克服缺乏抵押品所带来的农户和微小企业融资困境；③增加金融资源对农户的“可得性”；④以市场化模式来增进金融效率。

非正规金融虽然具有一定程度的信息优势，但这种优势只限于小范围内相对固定的客户，且对地缘、人缘、血缘关系的要求比较苛刻。随着交易范围的扩大，这一优势将不复存在。而正规金融机构具有功能完备的硬件设施平台和信息共享系统，因此，随着交易数量的增加，正规金融的信息共享优势将更加突出，边际信息成本也会日益降低（刘民权，2006）。因此，笔者认为，农村金融领域，适合于“豪门”与“草根”共舞，正规与非正规并存。为了增加农村金融供给，完善农村金融体系，培育竞争性农村金融市场，无疑是一种较为正确的思路。创新农村金融组织制度，需要考虑三个层次：

第一层次，构建能够在竞争的基础上为农户和微小企业提供零售金融服务的金融机构体系，包括非政府小额信贷组织、私营和国有商业银行、邮政储蓄银行、信用合作社、社区金融组织（社区发展基金、社区信用社等），以及其他一些非银行金融机构，如金融公司、保险公司等。同时，非金融机构实际上也常常是金融服务的重要提供者。

第二层次，构建保障竞争良性运转的制度基础，包括完善金融机构评级体系、审计监督机制、支付体系、流动性保障机制，以及创造有利于这些零售金融机构进入国内外货币和资本市场的机制，如创造投资基金发行、债券发行、资产证券化等的机制。建立健全的存款保险制度、为多元化发展的农村金融体系提供运转的制度保障，提高信息披露水平。

建立农业保险和农村保障机制，通常对资金供给者和需求者均会产生激励作用。要从系统的角度考虑整个农村金融改革的问题，要把农村金融改革和整个金融的改革融合在一起，不应该分开考虑，而应该在一个大的框架下总体推进。保险、社会保障和其他非银行机构发展的问题，这些都是需要综合考虑的。

第三层次，培育良好的政策环境和恰当发挥政府的作用。政府通常也通过一些信贷项目扶持农户和中小微企业，但是，这必须建立在不破坏市场公平的基础上，同时，要有利于微观活动主体市场地位的强化。金融体系实现其功能的前提是市场化运作，根据资金供求情况，通过市场化的存款利率吸纳剩余资金，并通过市场化的贷款利率配置资金。

政府需要完善监管手段和监管机制，保证监管的独立性和有效性。并且，政府需要参与培育良好的金融生态环境。从一些地区农村信用社农户小额信贷的成功运作案例中可以发现，地方政府参与下培育的健康的信用文化、金融生态环境是小规模银行金融机构良性持续生存的环境基础。

构建能够在竞争的基础上为农户和微小企业提供零售金融服务的金融机构体系，需要多种路径同时推进。其主要路径无外乎两个方面：一是整合县域金融存量资源，发挥现有金融机构的作用；二是改善县域金融资源增量配置结构。并且存量资源整合与增量配置的改善，是相互促进的。不论是存量整合，还是增量改善，均应根据农村金融需求特点。以国有大型为主的正式的金融制度安排，难以适应农户经济为主的小规模融资需求。与农户和农村中小微企业信贷需求特点相适应的农村金融机构，更多地应该具有地方性、区域性、中小化、草根性、非正式性等特点。因此，构建地方性、区域性、中小化、草根性为主要特征的农村金融机构体系是解决目前农村金融市场供求矛盾的最佳选择。

（一）以地方性、区域性、中小化为核心，探索县域金融存量资源整合的路径

从金融机构种类角度而言，较多地区农村县域范围内，已经呈现一种多元化局面，但是，农户和农村中小微企业能够享受到的金融供给的多元化却没有能够相应出现。对于较多传统农区、欠发达地区县域乡镇，在现有的商业信贷市场机制下，要依靠现有的商业性金融机构，实际上也是有难度的。因此金融存量资源整合，必须要有新的思路。

(1) 整合县域农村信用社资源。2003 年开始试点、2004 年在全国范围内开始全面推进的农村信用社系统新一轮改革，实际上是在做大法人和减少法人、增强实力的原则下推进的，是较为正确的选择，但是，改革的结果却不利于金融机构的多元化，建议在农村信用社还没有统一法人地位的县域，停止统一法人，允许经济实力较强的乡镇信用社兼并和收购实力较弱或者是经营不善的乡镇农村信用社，或者是允许民间私人资本收购乡镇农村信用社，以在县域范围内形成更多的可以跨乡镇经营的地方性、区域性、中小化商业银行。

(2) 将县域范围内的国有银行的分支机构改造成独立法人，成为国有银行控股的地方性、区域性、中小化商业银行，以彻底改变国有商业银行抽吸农村资金的局面。在我国这是完全可以做到的。政府有能力将分散的具有独立法人地位的农村信用社整合成准国有的金融机构，也有能力将国有金融机构拆分。与将农村信用社整合成准国有的金融机构相比，将国有的金融机构拆分，对于改善县域范围内的农村金融供给，特别是对于改善农户和农村中小微企业的信

贷可得性，更有意义。

（3）通过立法形式将商业银行推入农村金融市场，或是促进商业银行业务创新和客户群体下移，增加商业银行在县域内的资金供给。在利润至上、商业原则、市场主导的时代，大型商业银行退出传统农区和欠发达地区县域，是具有经济理性的，在财务上是合理的，但若要使商业银行增加对县域范围内的信贷投资，一是倡导商业银行创新业务，采取不同于商业信贷市场上的业务交易方式对农户和农村中小微企业放贷，下移客户群体。在一些传统农区和欠发达地区县域，实际上不是没有金融机构，更多的是服务缺乏的问题。在现有的服务机制下，农户和中小微企业没有机会获得贷款。现有金融机构的服务方式需要改进。二是制定与美国《社区再投资法》类似的法律，使在县域范围内展业的金融机构吸收的资金再投资到县域的部分保持一个合理的比例，迫使商业银行增加对县域经济的信贷。三是建立以贴息为主要表现形式的导向机制，由财政对银行发放的农业贷款给予贴息，或是建立以担保为基本条件的保障机制，由中央财政和地方出资成立各类担保公司，为银行向农村和中西部地区的贷款提供担保，解决银行的“后顾之忧”。

（4）要强化政策性金融机制。政策性金融不仅仅是政策性信贷，还包括政策性保险、政策性担保机制等。另外，还要包括财政的救助、补贴。同时，要坚持政策性金融的市场化操作原则。

（二）以私有、非正式为重点，探索改善增量结构的路径

（1）民间以非正式金融形式进行的改善金融增量配置结构的努力，是多种多样的，但在这些努力中，以自发创新的农村资金互助组织、农村社区发展基金两种模式，最具有可持续发展的能力和制度基础。特别是要鼓励与农村经济合作组织共生的，以成员为基础的，建立在血缘、地缘、人缘关系基础之上的资金互助组织的发展。2006 年底，我国已有各类经济合作组织 15 万个，不但已具有广泛的合作基础，而且也是可以开发利用的巨大的组织资源。不过，这样的组织需要合作金融法的保障，因此加快合作金融立法的步伐是大有必要的。

（2）要鼓励公益性小额信贷组织的发展。传统农区和贫困地区，大多数农户有资金需求，但不是有效的商业信贷需求，同时合作能力不足，因此，更需要公益性小额信贷机制的服务。

（3）鼓励以私人资本为主体的只贷不存小额贷款公司的发展，该模式比银监会在 2006 年 12 月 20 日颁布的《关于调整放宽农村地区银行业金融机构准入政策更好支持社会主义新农村建设的若干意见》和 2007 年 1 月 22 日颁布的《贷款公司管理暂行规定》所推动的贷款公司，具有更广泛的市场基础和资本来源，产权更明晰。

第二节　农村金融机构多元化及策略

一、农村金融组织机构多元化的表现及影响

我国农村金融领域内的金融机构的多元化过程，是伴随着农村金融体制改革的推进而逐步演进的。

我国农村金融体制改革，是在农村经济体制改革和农村商品经济发展的过程中实现的。改革的初始动因，是1978年以来卓有成效的农村经济改革，推动了农村经济的商品化和货币化，产生了投资主体多元化和融资主体多元化要求，并由此演绎了一场以金融机构多样化为主要内容的农村金融体系变革和制度变迁。

我国农村金融组织体系与制度变迁是从两个领域同时逐步推进的：一是在政府主导下的正规金融领域内的农村金融组织机构存量结构重组和增量改进。股份制商业银行的诞生，政策性银行的成立，以及从2005年5月开始的中国人民银行和地方政府联合推进的只贷不存小额贷款公司等，都属于一种增量改进。而农村信用社向农村商业银行和农村合作银行的转型，则属于存量结构的重组，并部分地产生了增量结构调整效应。二是民间非正规金融领域自我发育形成了一些创新型金融机构。如非政府组织小额信贷组织的出现、农户资金互助合作组织的产生、农村社区发展基金的萌生和繁衍等，均是在正规金融不足约束下由需求催生的民间自我金融创新的产物。这两个领域的农村金融变革与创新过程的最终结果，集中体现在金融机构的多元化局面的出现。主要表现为：①金融机构种类多元化。②产权主体形式安排多元化。③市场主体多元化。

金融机构多元化，也必将推动金融业务、市场结构、监管机制的变化，其影响如下：

（1）与组织机构多元化并存的是金融业务的多样化。多元化金融机构的存在，为提供多样化的业务、满足社会大众多样化的金融需求提供了组织制度保障。

（2）组织机构多元化最终导致市场结构的改变。市场结构的改变主要体现在社会融资结构和市场占有结构的改变，即通过资本市场实现的直接融资和银行间接融资的结构将改变；间接融资内大银行和小银行融资的比重关系也会发生变化。国有及国有控股大型金融机构市场份额逐渐减少。中小金融机构的市场份额逐渐增加。

（3）组织机构多元化也要求监管手段和方式、监管机制的多元化。审慎监管与非审慎监管结合、现场监管与非现场监管结合、监管机构的监管与行业自律结合，是机构多元化状态下监管机制的重要特征。

二、农村金融机构多元化存在六大不足

改革开放以来，政府一直以非常积极的姿态促进农村金融机构多元化。农村金融领域的初始状态是国有银行垄断，一统天下，农村信用社虽然在名义上存在，但是缺乏独立性。随着1980年代以来的农村金融制度变迁的逐渐深化，以农村信用社脱离农业银行为开端，国有银行机构下伸到中小城市和乡村，对非公有制金融的容忍，允许非政府组织开展小额信贷等，均现实地推动了农村金融领域内机构多元化状况的改进。但是，就农村金融机构多元化的现实状态而言，可以认为，农村金融机构多元化仍然严重不足，在中西部地区和传统农区，多元化发展尤其滞后，主要表现在六个方面的不足。

（一）正规金融组织的多元化不足

由于我国农村金融组织制度变迁的重要特征是其政府主导性，从而导致农村金融机构多元化是在外力推动下“嵌入”性地改进的，内生性激励机制调动不足。要么出现局部性制度供给过剩，要么出现制度供给缺陷。因此，在农村金融领域，国有商业银行撤并在农村金融领域内的机构、农村合作基金会被关闭以后，较多的传统农区和欠发达地区，农村信用社成了唯一向农户和微小企业提供金融服务的正规金融机构。在农村信用社扩大法人、改制成农村商业银行和农村合作银行的过程中，因为业务创新不足而远离农户和微小企业的情况并不少见。这样，在这些地区，国有银行撤离了，政策性金融服务机制不到位，股份制商业银行没有进入，农村信用社的服务跟不上，经济基础薄弱导致内生性金融创新不足，农村金融服务甚至出现“真空”地带。

（二）正规金融组织主导且非正规金融发育不足

改革开放以来，随着农村经济的快速成长，农户和农村企业的金融需求增长较快，正规金融长期供给不足，而在对待民间金融上，政府一直将其视为非法，不允许其合法存在，限制民间金融生存和发展的空间，非正规金融只能艰难地“灰色”性生存。这样，由需求所驱动的自发金融创新所产生的非正规金融，如地方私人钱庄、个人放贷者、合会、典当等，只能是“地下经济化”，不但扭曲了市场供求关系，而且使得金融产品的供给价格偏离均衡价格。

（三）国有产权以外的金融形式发育不足

虽然农村信用社可以在一定程度上归结为非国有产权形式，但政府长期控制着农村信用社的剩余控制权和剩余索取权，2003年开始试点和2004年全面启动的新一轮农村信用社领域内的改革，因为省级联社运作机制和定位的不完善，甚至从某种程度上还强化了政府对农村信用社的剩余控制权和剩余索取权，农村信用社实际上成为国有产权边界进一步扩张的产物。在国有商业银行退出农村金融市场之前，地方政府曾经以农村合作基金会的形式，在推动国有

金融产权的增长方面作出过努力，但是，由此而形成的对国有产权的竞争，并没有带来农村金融领域内一个稳定的多元金融产权结构和市场结构的形成。

非政府小额信贷组织的发展、“只贷不存”小额贷款公司的出现，是政府对非国有金融产权扩张忍耐程度提高的表现，可以局部性地导致国有金融产权份额的下降。但是，它们的发展，是在政府市场准入控制下以市场经济主体非自由选择的形式推进的，不会带来农村金融市场机构多元化格局的整体改进。

（四）非银行金融机构发育不足

经济活动主体的金融需求，是多样化的，综合性的。因此，需要有多元化的金融机构存在，或者是在机构单一状态下，金融机构需要提供综合性的一揽子的金融服务。但是，较多的农村地区，农户和企业能够享受到的金融服务，仅仅来自银行类机构，并且这些银行也仅仅能够提供传统金融业务，而保险、租赁、信托投资、咨询、有价证券发行与代理买卖、资本营运、外汇业务、理财、典当、期货交易和信用担保等机构则发育严重滞后。

（五）中小金融机构多元化不足且针对小规模金融需求者提供服务的供给者缺乏

在农村正规金融领域，除了农村信用社还针对农户和中小微企业提供部分金融服务外，其他金融机构在发展过程中，特别是在贷款发放过程中，均存在“大客户”“大企业”偏好。与大型金融机构相比，中小金融机构更愿意服务于小规模的金融需求者。中小金融机构具备金融空间结构效率方面的比较优势，可以利用分散而丰富的地方知识，信息更充分，更易于发放小额贷款，满足农户、中小企业的贷款需求。

（六）政策性金融机制的多元化不足

农户不仅需求政策性信贷融资，而且也需要政策性保险和政策性担保机制。目前我国农村金融市场虽然存在统一的政策性信贷融资机制，但极不完善，并且政策性信贷融资机制的结构也不合理。政策性保险和政策性担保机制仅仅在部分地区存在，且运作机制也亟待完善。

三、推进农村金融机构多元化的策略

（1）农村金融机构的多元化，不能单独完成，需要与中国金融业发展的整体战略步骤协调一致推进。

（2）农村金融机构多元化，必须是需求导向型的，需要考虑农村金融需求的特点。农村金融需求，主要存在5个方面的特点：①需求主体是分散与集中并存的，而更多的是较为分散的。②单个主体的需求量参差不齐，有大有小，而更多的是小规模金融服务需求。③较多的需求是属于非有效的市场需求，难以通过市场化和商业化的金融供给手段而得到满足；特别是新农村建设时期，村镇和社区范围内的较多投资需求，如农业综合开发、农田水利建设、良田改造、“四通工程”等大额中长期投入需求，缺乏产权明晰的经营主体，并且难以实现稳定的收入来源，因而缺乏有效的承贷载体，难以得到商业金融机构的信贷支持。④需求种类的多样性。⑤农户和农村中小微企业，需求是多种多样的，但是最需要也最缺乏的是信贷融资服务的供给。

因此，农村金融机构的多元化，需要从多种产权形式、多种组织形式、正规与非正规、银行与非银行、商业性与政策性和合作金融机构、大型金融机构与中小金融机构等多角度、全方位推进。

（3）推进农村金融机构多元化，需要发挥政府的作用，但是，政府的作用不在于禁止或直接参与组建新的金融组织机构，而是要在有利于产权保护的基础上，给予经济主体充分的选择权利，制定合理的制度框架，确立有效、公平竞争的规则。

（4）推进农村金融机构多元化的具体措施是多种多样的。就我国农村金融组织多样化的现状和农村金融市场需求特征，笔者也认同中国银行业监督管理委员会关于放宽农村地区银行业机构准入的思路，不过，推进农村金融机构的多元化，要真正形成基于竞争效率的农村金融业组织结构，较多方面仍然值得进一步探索。

（5）农村金融机构多元化的可持续性存在，需要一些配套的制度和机制保障。这包括：①完善的法律法规；②健全的存款保险制度；③完善的监管机制；④良好的金融生态环境，如健康的信用文化，健全的金融需求主体的金融消费意识。例如，需要有合作金融法，并需要出台一定的措施和办法，鼓励正常范围（符合资金供求规律）的民间金融活动，遏制非法的金融活动（如金融诈骗等）。

第三节　农村金融市场准入机制的完善

一、农村金融市场准入新机制

要促进农业增产、农民增收和农村发展，需要强化农村金融服务，增加农贷供给，然而农村金融供给不足似乎成为农村经济发展的“瓶颈”，强化农村金融供给也成为农村金融改革绕不开的结。出于化解该结之目的，2006 年 12 月 20 日，中国银行业监督管理委员会颁布了《关于调整放宽农村地区银行业金融机构准入政策，更好支持社会主义新农村建设的若干意见》（以下简称《意见》），进而确立了农村金融市场准入新政，并于 2007 年 1 月 22 日进一步出台了《村镇银行管理暂行规定》《贷款公司管理暂行规定》《农村资金互助社管理暂行规定》及村镇银行、贷款公司、农村资金互助社组建审批工作指引，把以农村金融机构多元化、规范化和市场开放为中心的农村金融制度变迁推向深入，迎来了我国农村金融业竞争与发展的春天。

根据银监会的《意见》及相关的规定，鼓励境内外银行资本、产业资本和民间资本到中西部、东北和海南省的县（市）及县（市）以下地区，以及其他省（区、市）的国定贫困县和省定贫困县投资、收购、新设以下各类银行业金融机构：一是鼓励各类资本到农村地区新设主要为当地农户提供金融服务的村镇银行；二是农村地区的农民和农村小企业也可按照自愿原则，发起设立为入股社员服务、实行社员民主管理的社区性信用合作组织；三是鼓励境内商业银行和农村合作银行在农村地区设立专营贷款业务的全资子公司；四是支持各类资本参股、收购、重组现有农村地区银行业金融机构，也可将管理相对规范、业务量较大的信用代办站改造为银行业金融机构；五是支持专业经验丰富、经营业绩良好、内控管理能力强的商业银行和农村合作银行到农村地区设立分支机构，鼓励现有的农村合作金融机构在本机构所在地辖内的乡（镇）和行政村增设分支机构。

新规定还为此调低了注册资本具体规定如下：①在县（市）设立的村镇银行，其注册资本不得低于人民币 300 万元；在乡（镇）设立的村镇银行，其注册资本不得低于人民币 100 万元。②在乡（镇）新设立的信用合作组织，其注册资本不得低于人民币 30 万元；在行政村新设立的信用合作组织，其注册资本不得低于人民币 10 万元。③商业银行和农村合作银行设立的专营贷款业务的全资子公司，其注册资本不得低于人民币 50 万元。④适当降低农村地区现有银行业金融机构通过合并、重组、改制方式设立银行业金融机构的注册资本，其中，农村合作银行的注册资本不得低于人民币 1 000 万元，以县（市）为单位实施统一法人的机构，其注册资本不得低于人民币 300 万元。

同时，首批试点选择在四川、青海、甘肃、内蒙古、吉林、湖北 6 省（区）的农村地区开展。2007 年 10 月 13 日，经国务院同意，银监会决定扩大调整放宽农村地区银行业金融机构准入政策试点范围，将试点省份从 6 个省（区）扩大到全部 31 个省、市、自治区。

2007 年 3 月 1 日，村镇银行分别在四川仪陇和吉林东丰、磐石同时产生以后，村镇银行家族频添新丁，种类不断创新。到 2007 年底已经成立的 10 多家村镇银行中，既有本地商业银行发起成立的，也有外地区域性商业银行直接出资跨区域成立的，还有县级农村信用社联社作为主要发起人成立的，宁夏平罗农村信用社联社甚至跨区域到吉林省发起成立了村镇银行。国家开发银行还直接参与发起成立了在多个省份内的多家村镇银行。部分大型国有商业银行也有意向参与村镇银行组建。

这不仅是完善我国农村金融制度的一项创新之举，也是我国银行业市场准入政策的重大突破，标志着我国银行业特别是农村地区银行业金融机构发展将迈入一个新的阶段。由此也以“放宽农村地区银行业金融机构准入”为契机，正式启动了我国农村金融领域内的以金融机构多元化、市场化为中心内容的新一轮制度变迁。

一些试点地区先后在较短的时间内就组建起了相应的机构，到 2007 年 8 月底，全国已有 14 家村镇银行、4 家贷款公司和 6 家农村资金互助社开业。到 2007 年底，有 31 家新型农村金融机构开业。

二、农村金融准入新机制具有显著的积极意义

农村金融准入新机制具有以下积极意义：

(1)《意见》以开放的姿态对待农村金融市场准入，是我国农村金融史上的一个重大突破。我国农村金融市场不仅对外开放不足，对内开放也不足。农村金融准入新机制，无疑是对于对内开放不足的重大弥补。

(2) 从农村金融发展角度而言，它符合金融制度变迁的历史逻辑。改革开放以来，政府一直在促进金融业的商业化、市场化、多元化。但是，在这些方面推进的步伐是不一致的，而在农村金融领域的发展比较滞后。《意见》的出台，对推进农村金融机构多元化的意义重大，一是可以打破一些地区现实存在的农村信用社垄断经营的局面；二是不论是村镇银行，还是农村资金互助社，均不是福利性的机构，都是需要市场化运作，与当地现有的金融机构（如农村信用社、邮政储蓄银行）的客户群体是一致的，这必然会形成竞争，并对建立多层次的农村金融服务体系有十分重要的意义。

(3)《意见》实施的结果，将从增量角度改善农村金融机构结构和布局，并有利于满足中低收入群体和微小企业的金融需求，从满足农村地区金融需求的角度来讲，意义显著。以前，政府、金融企业一直走的是“做大”的思路。“做大”有好处，可以增强实力，提升抗风险能力，但是它不利于针对那些中低收入群体和小规模金融需求者提供服务。《意见》的实施，构建和产生的是小规模金融组织。在向中低收入群体和微小企业提供金融服务方面，小规模金融组织要比大型金融组织更具优势。

(4) 为民间金融提供了一种正规化经营的渠道，也为民间资本阳光化提供了机遇。民间存在一些自发金融创新形式，如资金互助组织、社区发展基金，新政策为这些最贴近农户、最贴近需求的金融机制提供了正规化发展、阳光化经营的机会。

(5) 为民间资本进入银行业开拓了新渠道，有利于改善我国金融业的产权结构。长期以来，我国金融业一直是国家垄断，国有产权主导，民营资本很难进入。2005 年 5 月开始，中国人民银行在贵州、四川、陕西、山西、内蒙古 5

省区的试点，已经展示了民间资本进入金融业的热情和潜力。《意见》倡导的几种农村金融机构的增量形式，尽管需要国内已有银行业机构参与才能实现，但最终将形成以民营资本为主的产权主体，给民间资本投资金融业开辟了一条新渠道。

(6)“低门槛”是《意见》所倡导的准入新政的创新，也为民间资本方便地进入提供了机遇。我国现有银行业准入的规定，实际上构筑起了社会资本进入银行业的壁垒。准入新政的注册资本、从业人员的“低门槛”，为更多的民间资本提供了进入的可能。

(7) 为现有农村金融的存量改革提供了新的思路。《意见》支持各类资本参股、收购、重组现有农村地区银行业金融机构，也可将管理相对规范、业务量较大的信用代办站改造为银行业金融机构。

(8) 为区域性商业银行、合作银行拓展业务提供了机遇。因为城市商业银行、农村合作银行、农村商业银行跨区域发展是必然趋势，但被监管部门批准的还很少，而且和参与设立村镇银行比较，设立分支机构的成本要大得多，业务范围较小的地区性商业银行，通过参与设立村镇银行，有了拓展业务的机遇，所以，在已经组建的村镇银行中，较多的部分，如四川惠民村镇银行、吉林东丰诚信村镇银行、吉林磐石村镇银行、吉林敦化江南村镇银行等，均是由地方性区域性商业银行、城市信用社发起组建的。

三、降低准入门槛，不能完全解决我国农村金融问题

2005年和2006年中央1号文件均提出，应该鼓励在县域内设立多种所有制的社区金融机构，大力培育小额贷款组织，引导农户发展资金互助组织，加大农村金融改革和扶持力度，有效解决农村地区银行业金融机构网点覆盖率低、金融供给不足等问题，切实提高农村金融服务充分性的要求。银监会《意见》的出台，无疑是将中央农村金融政策落到了实处。但是其所设计的准入机制，在以下方面还值得讨论。

(1) 仅仅就部分地区农村金融市场谈开放是不够的。《意见》将准入地区界定为中西部、东北和海南省县（市）及县（市）以下地区，以及其他省（区、市）的国定贫困县和省定贫困县及县以下地区。实际上，中国金融市场的开放，不仅是农村地区、中西部地区和贫困地区的开放问题，发达地区、城市也同样面临对内开放的问题。“低门槛”的机制，也应该同样适用于发达地区、城市金融市场改革。

(2)《意见》对现有境内银行业机构的参与过分依赖。《意见》和《村镇银行管理暂行规定》要求村镇银行的最大股东或唯一股东必须是银行业金融机构，且最大银行业金融机构持股比例不得低于村镇银行股本总额的20%。贷

款公司是由资产规模不低于50亿元人民币的境内商业银行或农村合作银行设立的全资子公司。没有现有商业银行的参与，村镇银行、贷款公司就不可能产生，无疑限制了村镇银行、贷款公司的投资者来源，仍然是在一定程度上对市场形成垄断，使得“市场进入”这种资源成为一种稀缺资源、一种特许权，仍然没有为所有经济主体提供一种可以自由选择的机会，“市场进入”需求者仍然要为争取进入金融市场而竞争。笔者认为。在进入约束情况下，最后有可能出现对民间资本开而不放的局面，或者民间资本只能采取迂回投资的策略，通过借壳、幕后交易甚至不正当交易等形式投资村镇银行和贷款公司，这不但增加了民间资本进入金融业的环节、进入成本和进入难度，而且可能形成和产生一些实际上由民间资本控制而名义上由银行控制的村镇银行，那时，可能在监管上产生一些难以预料的新成本。

（3）现有准入机制本身不完善。根据《村镇银行管理暂行规定》第三十九条，村镇银行在缴足存款准备金后，其可用资金应全部用于当地农村经济建设。村镇银行发放贷款应首先充分满足县域内农户、农业和农村经济发展的需要。其富余资金可投放当地其他产业、购买涉农债券或向其他金融机构融资。这种规定似乎赋予了村镇银行服务“三农”的社会责任，但一是与《村镇银行管理暂行规定》第四条“村镇银行以安全性、流动性、效益性为经营原则，自主经营，自担风险，自负盈亏，自我约束”的界定不相符；二是由于缺乏客观的制约和约束标准，最后可能使得第三十九条在实施过程中流于形式，还不如赋予村镇银行在辖区内完全自主运用资金的权利，因为在中西部地区和贫困地区，县域范围实际上均可以从概念上看成是农村。

村镇银行的运作机制应区别于现有银行的运作机制，它完全是一个股份制机构，有独立的治理结构，经营范围设定在一定的区域内，是一个社区性银行；作为商业银行，在法律框架下，它完全可以和应该独立决定自己的资金用途。同样的道理实际上也适用于贷款公司。对贷款公司“必须坚持为农民、农业和农村经济发展服务的经营宗旨，贷款的投向主要用于支持农民、农业和农村经济发展”的界定，实际上也将在很大可能性上流于形式。

（4）不应该忽视已经存在的农村金融供给的创新形式。在我国农村金融供给严重不足的情况下，各种农村金融形式都是需要的，不论是人民银行在贵州、四川、陕西、山西和内蒙古试点的小额贷款公司，还是以前以项目方式推进的非政府小额贷款组织、资金互助组织、农村社区发展基金、以小额贷款为基础而运转的乡村发展协会等，实际上也现实地带来农村金融服务的供给，在一定区域范围内满足中低收入群体规模资金需求方面的作用是巨大的。作为监管者，不论法律是否明确赋予了其对这类形式金融行为的监管责任，在制定有利于市场开放程度提高的制度框架时，均不应该视而不见，如果处理不当，还可能导致出现农村合作基金会式的尴尬局面。

（5）农村资金互助社，特别是村级资金互助社，属于微型金融组织，不必实施严格、烦琐而漫长的审批程序，应该实行报备核准制。首先，《农村资金互助社管理暂行规定》和《农村资金互助社组建审批工作指引》的实施，对于资金互助组织的正规化发展是有必要的，但是对于注册资本仅有30万元、10万元的乡村微型金融组织而言，特别是村级资金互助社，则可能存在组建过程太复杂、组建成本和操作成本太高的问题。其次，银行业的可持续发展，对规模效应的要求是异常突出的。并不是在所有乡村开办资金互助社，均能够达到正规银行金融机构的规模效应要求。一些民间非正规金融组织为什么能够生存？其关键在于它的组织运作成本低、业务成本低、人员成本低、经营风险低，利用业余时间开展活动。同时，组织运作成本和业务成本以外的其他成本，如政府管理成本、税收等是不存在的。因此，一些民间自发创新产生的农村资金互助社，很难承担在银监会新的制度框架下转化为正规金融机构需要付出的成本（正规化的成本）；同时，新产生的农村资金互助社，在正规化运作的高成本约束下，要达到实现财务上可持续发展的规模要求也需要一个较长的时间。再次，对于以成员为基础的农村资金互助组织，特别是与农村经济合作组织共生的以成员为基础的村级资金互助组织，由于规模小，即使经营失败，也不会危害社会公众的利益，可以在报备后自主经营，有关部门给予技术指导，没有必要严格监管。至2006年底，我国农村已经有各类农民合作组织15万个，参与农户达2 500万户，虽然并不都是真正意义上规范的合作经济组织，但是已经有比较好的合作基础这一点是不可否认的。推动与农村经济合作组织共生的农村资金互助组织的发展，一则有利于农村资金互助组织的组建，二则有利于小农经济条件下的金融合作与经济合作的相互促进。最后，农村资金互助社，作为社区互助性银行业金融机构，是以成员为基础的，但又被界定为“独立的企业法人”。“经批准设立的农村资金互助社，由银行业监督管理机构颁发金融许可证，并按工商行政管理部门规定办理注册登记，领取营业执照”。那么，是否需要按照企业法人承担纳税义务，《意见》和《农村资金互助社管理暂行规定》没有明确。笔者认为，对于农村资金互助社，特别是村级资金互助社，是以成员为基础的真正合作金融组织，不应该征税，也不应收取任何管理费用。

（6）机构准入标准降低，不能解决所有农村地区资金短缺的问题。农村资金短缺是一个长期而复杂的问题，降低准入标准，在一些经济相对发达的中西部县域、乡镇有一定的可操作性，但是，不可能从根本上缓解贫困地区农村资金短缺的问题。因为，在较多的传统农区乡镇、欠发达地区农村乡镇，以利润最大化为经营原则的村镇银行是很难产生的，也很难有银行机构愿作为发起人到这些地方去开办村镇银行。同时，贷款公司是金融机构的全资子公司，其局限性首先是只贷不存，资金来源有限，发展后劲明显不足。在贫困地区农村，农村资金互助社的组织难度也较高。因此，金融机构准入标准降低，不能解决贫困地区农村的信贷供给问题。

四、准入机制的良性运转需要配套措施

农村金融机构多元化的可持续发展，需要一些配套的制度和机制保障。

（1）准入机制呼唤合作金融法。《意见》及《农村资金互助社管理暂行规定》，将农村资金互助社界定为经银行业监督管理机构批准，由乡（镇）、行政村农民和农村小企业自愿入股组成，为社员提供存款、贷款、结算等业务的社区互助性银行业金融机构。农村资金互助社以吸收社员存款、接受社会捐赠资金和向其他银行业金融机构融入资金作为资金来源，不得向非社员吸收存款、发放贷款及办理其他金融业务。因此，农村资金互助社是建立在成员基础上的、为成员服务的互助合作组织，不管是村级范围内还是在乡级范围内组建，均应该遵循合作金融法或合作组织法来运作，这是最基本的。但是这样的法律框架目前还不存在。

（2）要强化政策金融机制。政策性金融不仅仅是政策性信贷，还包括政策性保险、政策性担保机制等。另外，还要包括财政的救助、补贴；还应该有类似美国《社区再投资法》之类的法律，使农村金融机构在一定区域内吸收的盈余资金再投资到当地社区的部分保持一个合理的比例。

（3）要注意发挥现有商业金融机构的作用。较多农村地区的金融供给，特别是银监会准备试点的地区，仅仅依靠现有的金融机构和《意见》及其相关规定试图促进的机构增量调整是不够的，更主要的是要依靠其他商业性的金融机构在农村地区设点。但是让商业金融机构在这些地方设点，实际上也是有难度的。笔者在《意见》涉及的部分传统农区的调研发现，尽管这些地区不发达，但是当地金融机构的存贷比都不是很高，而流动性都较高，农村信用社也是这样，资金也较为充裕。资金较充裕，并不能说明当地资金需求缺乏，实际上当地资金需求是相当大的。比较合理的解释应该是，现有金融机构的服务方式需要改进，有效的商业信贷市场需求可能不足。因此，需要鼓励农村金融机构进行业务创新，并需要强化政策金融的作用。在一些传统农区和欠发达地区，实际上不是金融机构网点布局不足，更多的是服务缺乏的问题。在现有的服务机制下，农户和中小微企业没有机会获得贷款。

（4）健全存款保险制度。现在要推进的多样化金融机构，实际上都是银行类的金融机构，只要吸收存款就会涉及公众利益，如果它失败的话就可能危及和损害公众利益，所以就需要存款保险制度，以保护存款者的利益，保护公众

利益。因为我们主要是在农村欠发达地区、贫困地区，实际上它涉及的都是一些小的投资者，或者说只是小额的存款者的利益，这是应该保护的。不过，对于县（市）级村镇银行、农村资金互助组织，在加入存款保险上可以区别对待。以成员为基础的资金互助组织，在成员规模有限的情况下，没有必要加入存款保险机制，但是以股份制为基础的村镇银行，则需要纳入存款保险机制。

（5）完善监管手段和监管机制，保证监管的独立性和监管的有效性。笔者认为，对村镇银行应该严格审慎监管，但是对社区性的资金互助组织，则可以实施一种非审慎的监管，因为资金互助社以成员为基础，有内部监督机制，成员出于对自己利益保护的动机，将会对资金互助社给予监督。但是信息透明是保证这种自我监督有效的前提，而信息透明则需要有一些制度保证，因此需要建立一种保证信息透明的机制。

（6）培育良好的金融生态环境。从一些地区农村信用社农户小额信贷的成功运作案例中，可以发现，地方政府参与下培育的健康的信用文化、金融生态环境，是小规模银行金融机构良性持续生存的环境基础。

（7）建立农业保险和农村保障机制。要从系统的角度考虑整个农村金融改革的问题，要把农村金融改革和整个金融的改革融合在一起，不应该分开考虑，应该在一个大的框架下总体推进。保险、社会保障、其他非银行机构发展的问题，这些都是需要综合考虑的。

（8）要促进和寻求财政资金和信贷资金、政策性金融和商业金融形成合力的机制。

（9）要鼓励公益性小额信贷组织的发展。传统农区和贫困地区，大多数农户有资金需求，但不是有效的商业信贷需求，同时合作能力不足，因此，更需要公益性小额信贷机制的服务。

第四章　农村金融商业性支农模式

从全球银行业发展历史来看，商业银行产生时间最早，历史最为悠久，已构成全球金融业的主要组成部分。在我国，中国农业银行作为农村商业性金融的主要组成部分，随着传统计划经济体制向社会主义市场经济体制转轨，也由一家国有专业银行逐步转变为国有商业银行，目前又正在着手进行股份制改革工作，如何充分发挥中国农业银行在促进农业和农村经济发展中的重要作用，实现其自身经济效益和农村经济健康发展的“双赢”，已成为摆在我们面前亟待解决的一项重要课题。

第一节　鼓励和引导商业性金融支持“三农”

一、商业性金融概念辨析

探讨如何鼓励和引导商业性金融支持“三农”，有必要首先对市场金融和商业性金融之间的差异进行辨别。如果仅从理论上定义，应该说市场金融从属于市场经济的范畴，是与计划经济范畴内的计划金融相对而言的，是市场经济发展到一定阶段的必然产物。从法律的角度看，市场金融的内涵主要是指在市场经济条件下，参与金融活动的自然人或法人必须是产权独立、经营自主的微观经济主体。在市场金融中，一切市场准入者都必须按照市场经济制度及法则进行交易，不存在超经济行为。从历史的角度看，市场金融的概念是发展的，早期自由资本主义时代的市场金融理念已经不能适应于当今社会，现代市场金融理论并不排斥利用计划手段对金融活动进行调节。当然，这种计划手段绝不是传统计划经济时代的指令性计划，而是适应经济规律的指导性计划（李树生，1999）。

商业性金融产生和发展的实践告诉我们，商业性金融构成了市场金融的主体部分，或者说是市场金融的主要表现形式，但绝不是唯一的表现形式。商业银行作为商业性金融的一种组织形式，是商品经济发展到一定阶段的产物，是为了适应社会化大生产和市场经济的发展而形成的。它是以多种金融资产和金融负债为经营对象，以追求利润最大化为经营目标，为客户提供全方位、多功能、多层次的金融企业。它具有以下基本职能：

（1）信用中介职能，即商业银行作为资金短缺者和资金富余者之间的中介，通过负债业务将社会闲散资金集中起来，通过资产业务为国民经济各部门、各行业提供信贷支持，从中收取利息及投资收益而形成银行利润；

（2）支付中介职能，即商业银行通过活期存款账户为客户办理货币收付、货币结算、货币兑换等业务活动；

（3）信用创造职能，即商业银行通过吸收各种类型存款，并通过发放贷款或从事投资业务，进而衍生出更多的存款，在这种新的存款不支付或不完全支付的情况下，又可用于发放新的贷款或从事新的投资业务，进而又能衍生出更多的新的存款，因而除了商业银行起初吸收的存款为原始存款以外，其余存款都是商业银行发放贷款或从事投资业务所创造出来的派生存款；

（4）金融服务职能，即商业银行凭借自身的信誉、资金、人才、技术、信息等方面的优势，为客户提供多样化的金融服务，如代理理财、代理保险、信息咨询、资产评估、支付结算和提供担保等。

二、中外商业银行差异比较

应当看到，总体上现阶段我国国有商业银行与西方商业银行相比，在资本状况、资产质量、管理水平、赢利状况和资产流动性等方面均存在很大差距。舒新国等（2002）采用国际通行的“骆驼评价方法”（CAMEL），从资本状况、资产质量、管理水平、赢利状况和资产流动性等五个方面，对我国的商业银行和国际化商业银行在经营状况上到底有多大差距进行了比较分析。

除了上述差距以外，在产权基础、经营目标及原则、收入来源结构、市场退出目的及方式等方面也存在着很大差异，主要表现在：

（1）产权基础不同。在西方市场经济发达国家，大多数国家如美国、英国、日本等的商业银行基本上是私有产权制度下的股份制商业银行，少数一些国家如法国、意大利等则实行一定程度的国有化。其中，法国的商业银行在1986年以前国有化程度最高，但1986年以后，法国希拉克政府实行倾向于将国有商业银行私有化的政策，到1999年底基本实现了国有商业银行私有化；意大利的商业银行国有化程度在西方市场经济发达国家中仅次于法国，国有性质的6家公立银行和3家国民利益银行在整个金融体系中居于主导地位，其总资产在全部商业银行总资产中的比重达70%以上。然而，目前中国农业银行作为四大国有商业银行之一，产权主体缺位，政府作为其所有者是一个总体的、笼统的、名义上的概念，尽管在名义上具有法人地位，但实践中并没有法人所必须具备的独立法人财产权，缺乏一个人格化的产权主体来行使真正的、完整意义上的所有权，以至于不能真正做到依法自主经营、自负盈亏、自我约束、自我发展，各分支行长缺少巨大的内在动力和外在压力去关心国家财产权的收益和损失，而且，一些政府部门还通过各种方式对农业银行的正常经营活动进行不适当的行政干预。

（2）公司治理机制不同。西方商业银行设立股东大会，股权结构呈多元化，并引进一些战略投资者；董事会集决策权与监督权于一身，运作比较健康规范，并有较为完善的独立董事制度；一般不设立监事会（主要是指采取英美公司治理模式的商业银行）；在经营管理层面，高级管理人员一般从经理人才市场选聘，具有较为健全有效的激励和约束机制。然而，在我国，国有商业银行不设股东大会，其中董事会由国有股代表组成，只是一种形式意义上的虚设，尚未建立或健全独立董事制度；监事会由政府部门派驻人员行使监督职能；在经营管理层方面，总行行长由政府部门任命，分支行长由上级任命，激励和约束机制有待于进一步完善。

（3）经营目标及原则不同。西方商业银行坚持“安全性、流动性和营利性”的经营原则，在保证安全性和流动性的前提下，以追求利润最大化为目的。其中，保证安全性是追求营利性的基本前提，保持流动性是保证安全性的必要手段，追求营利性则是保证安全性和保持流动性的最终目的。简而言之，安全性是基本前提，流动性是必要手段，营利性是最终目的。然而，中国农业银行坚持“效益性、安全性、流动性”的经营原则，实行自主经营、自担风险、自负盈亏、自我约束和自我发展。不难看出，与西方商业银行根本不同的是，农业银行强调效益性第一，而不是安全性第一，这是因为：一方面，长期以来政府部门不适当的行政干预，容易造成银行在实际经营过程中忽视经营成果、不讲求效益的弊端，尤其是一些国有商业银行存在不良贷款余额和比率居高不下、经营效益持续低下的突出问题；另一方面，国有商业银行以国家信用作为根本后盾，承担着贯彻落实国家宏观调控措施及相关产业政策的重要职责，其运营关系着各行各业的兴衰和千家万户的利益，不但要追求自身经济效益最大化，还要努力实现社会效益最大化。

（4）收入来源结构不同。西方商业银行的传统资产负债业务的占比逐年降低，非贷款业务特别是中间业务则呈快速上升趋势。相应地，反映在业务收入来源上，西方商业银行非利息收入在总收入中占有举足轻重的地位，一般来说占总收入的比重达40%～50%，有的高达70%。例如，德意志银行的收入结构中佣金及手续费收入、其他营业收入和净利息收入在营业收入中的占比大致为4∶3∶3，且佣金及手续费收入占比呈逐年上升趋势，2001年占其营业收入的36.30%，2002年为40.81%，2003年达到43.88%。然而，在我国四大国有商业银行收入结构中，贷款利息收入占总收入70%左右，其他收入占总收入25%左右，中间业务收入仅占5%左右，可见贷款业务的利息收入在国有商业银行收入结构中具有举足轻重的地位，其贡献度远远高于西方商业银行。

(5) 市场退出目的及方式不同。一般来说，为了维护整个银行体系的稳健性，增强商业银行竞争力和提高市场占有率，一些国家政府甚至将其作为争夺全球经济金融霸权的重要手段，西方商业银行通过破产清算、兼并收购、业务转让等方式退出市场。然而，在我国，为了进一步深化金融体制改革或有效防范和化解已经显现或潜在的金融风险，政府一般通过采取必要的行政手段，使无法正常持续经营的金融机构退出市场。例如，组建城市商业银行（或农村商业银行），申请加入城市商业银行（或农村商业银行）的城市信用社（或农村信用社）同时被取消法人资格，退出市场；中国工商银行接管资不抵债的海南发展银行，从而使之退出市场。

三、农村金融市场的商业性金融发展

（一）不同观点比较

目前，关于农村金融市场上究竟要不要发展商业性金融。存在着以下不同观点：

第一种观点认为，大部分农户没有符合法律规定和贷款银行要求的有效抵押物品，牲畜、土地、果树等物品无法抵押，农户住房由于变现困难、增值能力差等原因，一般也无法成为银行愿意接受的抵押物品，而且他们生活并不十分富裕，无力承受商业性金融机构较高的贷款利息，因此商业性金融在农村地区没有发展空间。

第二种观点认为，国有商业银行从农业和农村地区撤离，是市场经济改革和发展的必然要求。市场经济的规律是“送花不送炭”，商业化金融机构在面对众多分散居住的农户时，不仅金融服务成本（如客户信息搜集成本、监督管理成本）相对较高，而且由于农村劳动生产率较低和赢利机会稀缺，使得收益减少、风险增加，这将必然导致资金从农业和农村地区向劳动生产率更高、赢利机会较多的城市和非农产业转移，因此，追逐利润最大化的国有商业银行从农业和农村地区撤离是符合市场经济客观规律的自然现象。

第三种观点认为，国有商业银行从农村地区撤离，无疑是对农业的放弃、农村的漠视和农民的抛弃，必须通过政府行政干预来阻止这种现象的发生。否则，“三农”问题将会变得更加严重，以至于危害国家粮食安全和整个社会稳定。

第一种观点只注意到农业和农村经济主体之一——农户，却忽视了构成农业和农村经济主体的其他重要组成部分，如各种类型的农村工商企业、农民合作经济组织、农村社会中介组织等，它们也有较为强烈的信贷资金需求和其他金融服务需求，而且随着农村工业化、城镇化进程和农业现代化步伐的加快，它们的生产经营规模也在不断扩大，对资金的需求将进一步增加，对资金汇兑、结算等金融服务也会提出新的要求。因此，大规模的金融需求为商业性金融机构进入农村地区创造了有利条件。

第二种观点充分考虑到了市场经济规律和资本逐利的本性，认识到市场机制在资源配置中起基础性作用，诸如竞争机制、价格机制、供求机制等市场机制形式在引导着资源合理流动和优化配置，但忽视了政府在市场经济中通过运用经济手段、法律手段和必要的行政手段发挥宏观调控作用，忽视了农业在国民经济中的基础地位作用。

第三种观点则注意到了“三农”问题的极端重要性、忽视“三农”问题的后果严重性，以及政府这只“看得见的手”在农村金融市场发展中的重要作用等。

（二）农户（或农业）贷款无利可图是商业性金融撤出农村地区的根本原因

目前，商业性金融机构不愿意贷款给农业、农村和农民而转向城市和非农产业，其根本原因就是农业生产比较利益低下，利润率较低，造成农户贷款（或农业贷款）无利可图。具体说来，主要表现为以下三个方面：

（1）在广大农村地区仍然广泛存在着小农经济生产方式，劳动生产率低下，甚至还可能发生边际收益率递减的现象。目前，在广大农村地区特别是中西部农村地区，“男耕女织”式的小农经济生产方式仍然广泛存在着，在家庭剩余劳动力无法去城市（镇）和非农产业就业的情况下，只能将这些无法转移出去的劳动力继续投入到有限的土地中，通过传统式的精耕细作来提高土地产出，并将有限的剩余农产品通过小买小卖的方式换回家庭生活所需要的物品，从而不断延续和维持着简单再生产的耕作和较低水平的生活。以整个家庭的年收入来分析，农村经济也显示了若干程度的增长。但是仔细考察一下就会发现，这种增长乃是以单位工作日的报酬递减为代价而实现的。家庭收入的增长，不是来自单位工作日报酬的增加，而是来自家庭劳动力更充分的利用诸如妇女、儿童、老人的劳动力，以及成年男子闲暇时间的劳动力。这就是“无发展的增长”，或者说“过密型增长”。

（2）农业生产是自然再生产和经济再生产的统一，面临着自然风险和市场风险双重风险。

（3）一般而言，与其他工商业和服务业相比，农业资本有机构成较低，且资本周转时间较长，导致农业生产利润率较低。随着科学技术不断进步，社会生产力也获得了极大的发展，进而整个社会资本有机构成也大幅度提高，资本有机构成提高又通过平均利润率规律的作用促进资本形成和资本积累规模不断扩大，从而成为推动产业发展与经济增长的重要途径。一般来说，农业资本有机构成低于工业资本有机构成，农业资本周转时间大于工业资本周转时间，加之农业生产面临着自然风险和市场风险，导致农业生产比较利益低，平均利润率低下，农业贷款无利可图，因而一些国有商业银行受经济利益驱动，大幅度收缩县及以下地区分支机构和营业网点，导致广大农村地区金融供给短缺，甚至出现了金融服务空白的现象。

（三）使农户（或农业）贷款有利可图是引导商业性金融介入农村地区的关键所在

尽管目前存在着国有商业银行从广大农村地区收缩分支机构和营业网点的现象和事实，但并不能由此简单地认为农村金融市场不适合商业性金融机构的发展。目前，如何使农户（或农业）贷款有利可图是引导商业性金融介入农村地区的关键。具体说来，主要包括以下几个方面：

（1）当前各地区积极稳妥推进农村工业化、城镇化和农业产业化，为中国农业银行拓展业务、培育新的利润增长点提供了广阔的发展空间。在农村工业化、城镇化过程中，涉及许多非农产业和项目，由于有利可图，一般来说农业银行比较愿意为这些非农产业和项目提供贷款支持。至于农业产业化经营，笔者认为，一是农业产业化经营通过市场牵龙头、龙头带基地、基地连农户和种养加、产供销、贸工农一体化经营，使千家万户的小生产与千变万化的大市场有效衔接起来，改变了传统农业封闭的产业组织状态和僵化的管理模式，大大促进了农业生产区域化、专业化、商品化和社会化，为城乡居民生活提供了大量高质、高效和多样化的农副产品，进而从根本上大大提高了农业比较利益，改善了农业贷款低效的状况。二是农业产业化经营大大提高了农业生产经营层次，有力促进了农业生产经营方式的转变，迫切需要中国农业银行对农业生产提供足够的信贷支持和全方位的金融服务。农业产业化经营实现专业化生产、区域化布局、企业化管理和社会化服务，从而使整个农业和农村经济运行系统加速新陈代谢过程，实现自我更新和转换升级。同时，农业生产经营活动的内涵和外延也在不断扩大，农业内部也逐步出现组织分化和重新组合，产生了许多为农业生产提供产前、产中、产后服务的诸多行业组织、企业单位、中介机构等。这种农业产业结构优化升级、农业生产经营方式的变化以及新出现的各种农村经济组织，大大提高了农业生产经营层次，有力带动了农村资金需求的快速增长。三是随着农业产业化经营形式的逐步推广，逐渐涌现出一批经济效益较好、自身信誉良好、经营机制灵活、市场前景较好的龙头企业。根据2001年调查，全国各类龙头企业固定资产总值达3 072亿元，销售收入达5 900亿元，利税总额达709亿元，销售收入1亿元以上的龙头企业已发展到1 186家。这些龙头企业的出现和发展，不仅为农业和农村经济发展注入了新的活力，而且为农业银行商业化经营、培育利润增长点提供了必要的经营客体和优质业务载体，也为其改善信贷业务经营和调整贷款投放结构创造了有利条件，从而为其今后在农村地区的生存和发展提供了广阔的市场空间。四是随着农业产业化经营形式的逐步推广，农村产业结构、农产品结构的调整和优化，农村第二、第三产业（如农村道路、能源、餐饮业、旅游业及其他服务业）的迅速发展，必然带动相关城镇业务和国际业务的进一步发展，这不仅极大地改善了农业银行的外部经营环境，而且有利于其充分发挥整体经营优势，向综合化、国际化的现代股份制商业银行迈进。

(2)“三农”问题已经成为全面建设小康社会的重点和难点，是当前全党工作的重中之重，资金短缺已经成为制约“三农”问题有效解决的“瓶颈”，需要政府这只“看得见的手”发挥宏观调控作用，引导资金流向农业、农村和农民。例如，规定农业银行每年将一定比例的贷款必须投向农业、农村和农民，并给予相应的财政补贴、税收优惠等；规定农村中小企业和农户自筹资金占贷款项目总投资的比例，对于农业产业龙头企业、乡镇企业和其他一些农村中小企业自筹资金比例必须达到1/3以上，对于各种类型的专业生产农户、个体工商户自筹资金比例必须达到1/2以上，这时银行才能为其发放贷款。这会产生以下两方面积极效果：一方面，由于借款人自身投入资金相对较多，其从事生产经营和应对意外事故的责任心就会大大增强；另一方面，以银行贷款形式投入的资金相对减少，即使农业遭受自然灾害影响或者出现农产品价格下降，只要不是农业严重歉收、绝收或者农产品价格下降幅度不是很大，那么农业产出价值还是能够偿还贷款的。

(3) 商业性金融的地位和作用、商业银行的优势和活力，都是合作金融和政策性金融无法比拟的，也是无法替代的。与其他国有商业银行相比，中国农业银行具备支持传统农业及农业产业化的诸多优势，主要表现在：一是中国农业银行机构网点几乎遍布全国所有的乡镇及广大农村地区，业务范围比较广，信息反馈较为畅通，能够为广大农户和农村中小企业提供全方位、多层次的金融服务，在为广大农户和农村中小企业提供信贷资金支持、汇兑结算的同时，还能够为其提供生产指导、信息咨询和市场预测等服务；二是长期以来，中国农业银行扎根农村、贴近农民、支持农业，与当地政府部门和广大农户结下了深厚的感情，培育了一批比较稳固的优质客户和利润增长点，在促进农业和农村经济发展中起着举足轻重的作用；三是中国农业银行作为集中办理农村信贷、支持农业生产和乡镇企业发展的国有商业银行，大多数信贷人员经常与广大农户打交道，不仅对传统农业生产过程、畜禽养殖方法非常熟悉，还对现代农业技术推广和应用、现代企业经营管理、农业产业化经营十分了解，从实践中逐渐摸索和总结出一套符合农业生产和农村地区特点的信贷管理经验和方法，从而为支持农业和农村经济发展奠定了坚实的基础。

第二节　政策性金融支农政策的重新定位

一、农业政策性金融的存在必要

（一）市场失灵与政府干预

“市场是买者和卖者相互作用并共同决定商品或劳务的价格和交易数量的机制”，由于现实经济情况并不能严格满足完全竞争市场条件，因此在市场已经充分发挥资源配置基础性作用的情况下，仍有可能无法实现资源优化配置和带来经济效率的提高，这就是所谓的“市场失灵”，其主要原因是公共产品、外部性、收入分配不公平、不完全市场竞争、宏观经济效率缺乏、个人偏好不合理等。“市场经济是一种主要由个人和私人企业决定生产和消费的经济制度”，该定义表明，市场经济是一种以市场为中心来组织经济运行，主要是（但不完全是）通过市场机制来调节资源配置的经济制度。市场经济的有效运行，还需要另外一种资源配置手段——政府。“政府是这样一个组织，建立这些组织的目的在于对居住在某一社会内的个人的活动进行管理提供基本服务，并为此类服务提供资金。

在几百年的市场经济发展历程中，关于国家干预调控和市场自由调节经济运行的关系，大致经历了以下几个阶段。

第一阶段：原始的国家干预主义。重商主义产生于15世纪西欧封建制度解体和资本主义生产方式萌芽时期。它是一种反映商业资产阶级利益和要求的经济理论和政策体系，体现了封建社会内部产生的这个新兴阶级力图积累金银货币，并要求国家对他们所重视的工商业活动予以协助和保护。重商主义认为，金银货币是唯一的真实财富，都从流通领域去寻找财富或利润的源泉，但国内的流通（指商业）是不能产生利润的，因为这只能使财富发生转移，而整个国家的财富并不会增加。在他们看来，财富和利润只能从国与国之间的经济交往中产生出来，因此他们要求国家政权积极干预经济生活，以便使金银尽可能多地流入国内，尽可能少地流到国外。其政策主张主要包括：在国际贸易政策方面，重商主义实行贸易保护主义和严格的外汇管制，通过关税、限额、补贴和税收等办法限制外国商品，特别是生活奢侈品的进口和国内廉价原料的进口，以实现外贸顺差，获取和积累金银货币，使国家致富。在国内经济生活中，主张实行以下政策：①重出口的产业政策。重商主义者主张大力发展生产出口制成品的工场手工业，奖励那些能够生产出在国外市场上有竞争力产品的厂商，保护和扶植本国工商业的发展，并对为国内市场服务的部门加以限制。②低消费政策。重商主义者采取措施征收消费税，特别是对奢侈品的进口课以高额进口税，限制国内消费，目的是为了积累更多的金银货币，为资本积累创造条件。③低工资政策。重商主义者主张将工人工资维持在工人生存的最低水平上，通过压低工资和延长工作日的办法，为发展新兴的资本主义工商业提供足够而廉价的劳动力。④垄断政策。在重商主义时期，封建王权政府以法律形式赋予大商业资本以建立垄断公司的权利，这些公司在国内外经济生活中享有种种排他性特权。商业资本通过封建王权的支持大大扩充自己的经济实力，从而加速了资本主义的发展。

第二阶段：自由放任主义。从17世纪后期到20世纪初期的近200年时间里，以亚当·斯密为代表的自由放任主义占据着西方经济理论统治地位。他认为，社会经济活动存在着自然的、客观的规律性，顺应这些规律让其自发地起作用，才最有利于国民财富的增长。因此，一个国家最好的经济政策就是经济自由主义，也就是对私人的经济活动不加以任何干涉，采取自由放任的态度。根据经济自由主义思想，他积极主张对外贸易自由，反对重商主义的垄断和限制政策。他还认为，国家的作用应仅限于维护国家安全和个人安全，以及举办一些资本家私人经营无利可图的工程，这样就用国家政权的力量保证资产阶级有一个和平地、安全地进行经济活动的环境，也就是起一个资产阶级的“守夜人”的作用。至于资本家进行的经济活动本身，国家不必也不应进行干涉，应该听任他们为了追求自己的利益而进行自由竞争。亚当·斯密的主张带有强烈的反封建专制和反重商主义限制政策的特点。

第三阶段：凯恩斯主义。1930年代，西方资本主义国家爆发了严重的经济危机，整个资本主义市场经济处于崩溃的边缘，主要表现为生产能力严重过剩、社会有效需求不足、许多工厂破产倒闭、工人失业迅速增加等。这次资本主义经济危机的空前严重性和持久性，以及罗斯福“新政”（所谓“新政”，从本质上讲，是国家垄断资本主义的一种形式，其目的在于通过加强国家对经济的干预来克服危机）的成效，宣告了自由放任传统理论的彻底破产，证明了市场经济条件下也需要政府干预。凯恩斯主义认为，在资本主义自由放任的条件下，由消费需求和投资需求构成的有效需求，不足以实现充分就业，或者说资本主义的通常状态是有效需求不足，即它是指处于低充分就业的均衡。有效需求不足是由于边际消费倾向、资本边际效率和流动性偏好这三个基本心理因素的作用所造成的，所以市场机制不能使总需求与总供给在充分就业水平上达到均衡，于是必然要出现萧条和失业，或者，当需求过度时，也会出现通货膨胀。因此，政府调节经济就是要维持经济的稳定，其政策手段就是调节需求，即运用财政政策和货币政策进行总需求管理。

第四阶段：新凯恩斯主义和新自由主义。1960年代后期至1970年代初期，美国经济出现了通货膨胀和经济停滞并发的“滞胀”局面。在经济停滞、失业增加和通货膨胀并存的情况下，凯恩斯主义遭遇“两难”困境：如果采用扩张性货币政策和赤字财政政策来解决失业和刺激需求，将会加剧通货膨胀；如果采用紧缩性的货币政策和财政政策来治理通货膨胀，将会抑制社会需求和导致失业加剧。在这种背景下，新凯恩斯主义和新自由主义在分别继承凯恩斯主义和自由放任主义的基础上，结合变化了的现实社会经济生活，对其进行若干修正、补充和创新，形成了新的理论体系和政策主张。新凯恩斯主义认为，国家必须干预经济，实行国家干预的理论基础是市场不完全和协调失灵以及经济生活中存在的外部效应。由此，新凯恩斯主义者首先论证了政府在克服市场失效上的四个优势，即课税权、惩罚权、限制权和节省交易成本。同时又强调对国家自身的干预，这是因为也存在政府失灵。斯蒂格利茨罗列了公共部门的四大失败：存在于公共部门的不完全信息和不完全市场、潜在的政府不良寻租行为和不公平、较大的国家行政机构的运行成本、公共部门的缺乏效率和缺乏竞争。与此同时，由现代货币学派和现代供给学派组成的新自由主义诞生。现代货币学派认为，通货膨胀是一种货币现象，货币增长快于产量增长，就会发生通货膨胀。无论是在货币政策上还是在财政政策上，都反对积极的需求管理政策，主张实行以一定货币存量为基础的单一政策规则，从而防止价格水平大幅度波动，为经济发展创造一个稳定的货币环境。理性预期学派作为反对凯恩斯主义的对立物，其理论观点和政策主张与货币学派有着密切的联系或者相近，甚至说是货币学派的引申，因此有人认为它是货币学派的分支或激进的货币主义。理性预期学派认为，凯恩斯主义所主张的干预经济生活的财政政策和货币政策即“积极行动主义的宏观经济政策”能够生效的暗含前提是：政府可以出其不意地实行某种政策以影响经济生活，即政府总是比公众高明。但是，在理性预期条件下，人们对政府的经济政策及其实施效果早已充分预计到了，并作出了相应的预防措施和对策，使得政府的经济政策不能有任何效果。因此，理性预期学派认为，过多的政府干预只能引起经济的混乱。为保持经济稳定，唯一有效的办法就是尽量减少政府对经济生活的干预，充分发挥市场的调节作用，因为“市场比任何模型都聪明”。政府的任务只是在于为私人经济活动提供一个稳定的可以使人充分了解的环境，为了做到这一点，我们需要的是稳定的宏观经济政策，而不是积极行动主义政策。现代供给学派以批判凯恩斯主义著称，反对国家干预，否认需求第一，指出凯恩斯主义的国家干预主义、需求管理、赤字财政和高税收政策是导致滞胀的主要原因。现代供给学派认为，供给不足即生产率下降、储蓄与投资不足、生产者积极性减弱等是经济中的主要问题，因而主张实行供给管理，通过减税、削减政府开支、控制货币发行量、减少政府的限制性规章条例来消除滞胀、刺激经济增长。但是，它并非完全否定国家干预，而是强调要尽量减少国家不必要的干预，把适当的国家干预和充分的市场调节结合起来。

（二）农业“三性”与农业保护

1. 农业基础性

农业是整个国民经济的基础产业，在国民经济和社会进步中发挥着重要作用，这主要表现在以下几个方面：①农业为人类社会生存和发展提供了最基本的生活资料，还为工业生产特别是轻纺业、食品加工业提供充足的原材料供给；②国家通过财政税收政策、工农产品价格“剪刀差”以及其他控制生产要素自由流动的措施，或者通过市场力量（工业部门的较高利润率）吸引农业资金流向城市和非农产业，使得农业为工业化提供大量的资本积累；③由于农村人口占总人口的绝大多数，农村潜在的和现实的消费需求巨大，农村、农民和农业为工业产品销售提供了广阔的市场空间；④工业部门快速发展所需要的劳动力主要来自农村，农业劳动生产率的提高使得农业为工业发展提供充足的剩余劳动力成为可能；⑤通过进出口农产品，国内农业还为赚取外汇、平衡国际收支作出了重要贡献。

2. 农业弱质性

农业作为一种弱质性产业，主要表现在以下几个方面：

第一，农业生产面临的自然风险较为严重。农业是以有生命的动植物为生产经营对象，是自然再生产与经济再生产的统一。农业生产除了受动植物自身的生长发育规律影响以外，还受到气候、地形等自然地理条件的影响，动植物的生长、繁育能力的大小和质量的高低与外界自然环境条件的好坏有着直接的关系。特别是我国幅员辽阔，各地区自然地理环境差异较大，自然灾害种类较多，尤其是干旱和洪涝灾害频繁发生，严重危害农业生产。另外，我国目前农业基础设施建设薄弱，农业科技投入不足，农业生产手段仍然以手工劳动为主，对农业生产条件和农业生产过程的人为控制能力较低，许多地方基本上还是靠天吃饭，如果风调雨顺，农业生产将喜获丰收，反之，农业则会产量骤减，甚至颗粒无收。而且，大部分农产品是有生命的动植物，鲜活且易腐烂，不易长时间储藏，保管费用较高，使得不确定性因素增多。因此，农业生产面临着很大的自然风险，具有明显的不稳定性和脆弱性，农产品产量和质量也总是处于频繁的波动之中。

第二，农业生产者面临着较高的市场风险。这是因为：①众多分散生产经营的农户由于缺乏生产经营组织性，面对着千变万化的大市场适应能力较差，对农产品市场信息反应较为滞后，而且市场谈判能力也较差，只能被动地适应市场变化，在市场竞争中处于劣势地位。在这种情况下，农业生产者不能随着市场供求变化而及时调整农作物种植规模和结构。②农产品的需求价格弹性较小，而供给价格弹性较大，容易出现供过于求的情况。这是因为，一方面，农产品主要属于人们生活必需品，人们对农产品的需求量受到生理方面的制约，不会因为农产品价格太高而大幅度减少消费，也不会因农产品价格低廉而大量地消费它；另一方面，随着农业基础设施的改善和农业科技的推广应用，农业劳动生产率不断提高，农产品供给量也不断增加，但由于人们对农产品的需求量受到生理方面的限制，农产品需求增幅有限，容易出现供过于求的情况，从而使得农业生产者承受着巨大的市场风险。③农产品的收入需求弹性小于非农产品的收入需求弹性。根据凯恩斯定律，随着人们收入水平的不断提高，其收入用于积累的份额逐渐增大，而用于消费的份额趋于下降，即人们的边际消费倾向呈递减趋势，但由于农业是消费资料生产部门，因此人们消费需求的相对下降就限制了农业生产的增长；根据马斯洛需求层次理论，人们作为消费者其需求是分层次的，在生理需求得到基本满足之后，随着收入不断增加，人们的消费偏好就会上升到较高层次，增加的收入也将花在较高层次的需求上；根据恩格尔定律，随着人们收入水平的不断提高，在消费支出总量中，新增购买力中用于农产品特别是粮食等基本农产品的比重会不断下降。但是，由于农业生产提供的产品主要是食物，而农产品市场容量有限，也就是说，农业增长除了受本身的资源和环境约束外，还将面临日益严峻的市场需求不足的强烈约束，因此农业增长到一定程度就会自动跌入恩格尔陷阱。

第三，农业生产经营的外在规模不经济。在我国目前二元经济结构条件下，农业生产经营处于外在规模不经济状态，也就是说，当整个行业（农业）生产经营规模扩大时，给个别生产者（农民）所带来的收益并不一定增加，从而农业生产经营面临的风险性要比城市生产经营者更大一些。这是因为，城市经济具有较高的集聚效应，人才、资金、交通、通讯、信息、科技等资源在城市的空间集约程度较高，使得城市生产经营者生产经营费用相对较低，交易成本也相对较低，在激烈的市场竞争中经常处于优势地位。相反，在广袤的农村地区，劳动者素质低下、资金严重匮乏、交通运输不便、信息十分闭塞、科技相对落后，因而这些资源在农村地区空间集约程度较低，使得农业生产经营者生产经营费用相对较高，交易成本也相对较高，在激烈的市场竞争中往往处于劣势地位。

此外，我国农业人口众多，人均耕地少，农业劳动生产率比较低，农产品商品率也比较低，加之工农产品价格“剪刀差”的存在，农业自身积累能力十分有限；农业基础设施（包括农业生产基础设施和农产品流通基础设施）建设滞后，影响农业综合生产能力进一步提高，农业可持续发展的后劲不足；农业科技投入不足，导致农业生产中科技贡献率较低，农产品科技含量不高，大部分农产品特别是大宗主要农产品缺乏国际市场竞争力。

3. 农业外部性

农业生产作为自然再生产与经济再生产的有机统一，具有很强的外部性。

农业生产在为人们提供各种农产品和食物、为工业生产提供各种原材料的同时，还间接地为人类带来社会福利，如具有保护生态环境功能，提供观光、旅游和休闲功能等。这在林业中体现得更为明显，当森林发挥调节气候、净化空气、美化环境、保持水土、涵养水源和防风固沙等多种功能时，土壤、水利和气候等生态环境要素实现良性循环，整个社会都会从中受益，而不需为此付出任何成本和费用。当然，一些不合理的农业生产活动也会给人类带来负的外部效应，如滥砍滥伐树木将造成水土流失、过度使用农药会危害人类身体健康等。

总而言之，农业是一种社会效益和生态效益比较大、自身经济效益却比较低的高风险、基础性弱质产业。在现代市场经济条件下，既需要充分发挥市场在资源配置中的基础性作用，又需要政府充分发挥宏观调控功能，通过政策性金融手段在加强农业和农村基础设施建设、促进农业科技进步、提高农业综合开发能力、改善农业和农村生态环境等方面提供资金支持和其他金融服务。

二、中国农业发展银行改革之争论

（一）农业政策性金融业务产生与发展

新中国成立以后，农业政策性金融业务的产生和发展经历了以下几个主要阶段：

第一阶段：传统计划经济时期（1949—1978 年）。我国仿照苏联经济模式建立起了高度集中统一的计划经济体制，排斥市场调节和商品货币关系，实行统收统支的财政体制、全国性物资统一分配制度、农产品统购统销体制、外贸和外汇集中管理体制等。相应地，金融体制也是高度集中统一的，中国人民银行包揽了所有的一般金融职能和金融管理职能，集基础货币发行和工商信贷业务于一身，并通过综合信贷计划和现金发行计划集中统一管理全国范围内的所有信贷活动。在这种高度集中统一的计划经济体制下，没有政策性金融业务和商业性金融业务之分，都是国家统一的指令性计划所安排的金融业务，可以说都是政策性金融业务，由中国人民银行统一经营和管理。

第二阶段：传统计划经济体制向社会主义市场经济体制过渡时期（1978—1993 年）。1978 年以后，随着改革开放的不断深化，整个国民经济体制经历了从“计划经济为主，市场调节为辅”到“社会主义有计划的商品经济”，再到“国家调节市场，市场引导企业”，直到确立“社会主义市场经济体制”这样一个逐步深化的发展过程。相应地，整个金融体制也在不断深化改革过程中日臻完善，逐步形成了以中国人民银行为领导、工农中建四家国家专业银行为主体、其他金融机构为补充的金融体系。其中，中国农业银行于 1979 年恢复以后“身兼二任”，既经营和管理商业性金融业务，又负责管理农业政策性金融业务。同时，由中国农业银行统一管理、农业银行与农村信用社分工协作的农村金融体制也逐步建立和完善起来。这一时期，农业政策性金融业务由中国人民银行集中统一管理，逐渐转变为以中国农业银行为主、其他三家国有专业银行为辅进行管理的局面。其中，中国农业银行承担了大部分粮棉油加工、收购和调销贷款、农业综合开发贷款、扶贫贷款、种子工程贷款等；中国工商银行承担了少部分粮棉油企业加工、收购和调销贷款，以及粮食、猪肉、食糖等国家专项储备贷款；中国建设银行承担了农业基本建设和技术改造贷款；中国银行承担了农产品进出口贷款。同时，伴随经济体制改革的不断深入，农村金融机构信贷支持对象也逐渐发生了变化，开始由支持传统自给半自给的自然经济向支持商品经济发展、追求经济效益的方向转变，相应地，农业银行金融业务在实际操作中也逐渐产生了商业性金融业务和政策性金融业务的划分。

第三阶段：建立和完善社会主义市场经济体制时期（1994 年以后）。为充分利用国家的农村产业政策和经济政策，合理有效地配置农村资源，加强农业基础地位，增强农业发展后劲，促进农业和农村经济全面发展，国务院于 1994 年 4 月 19 日决定成立中国农业发展银行，其主要任务是：按照国家的法律、法规和方针、政策，以国家信用为基础，筹集农业政策性信贷资金，承担国家规定的农业政策性金融业务，代理财政支农资金的拨付，为农业和农村经济发展服务。1998 年 4 月，为适应粮食流通体制改革的需要，对中国农业发展银行业务范围进行调整，将农业综合开发贷款、扶贫贷款等专项贷款以及粮棉油企业加工和附营业务贷款划转到其他国有商业银行，而中国农业发展银行则专门从事发放和管理粮棉油收购、储备和调销贷款，确保粮棉油收购资金实现封闭运行。

（二）中国农业发展银行发展历程评述

中国农业发展银行自成立以来，经历了以下几个发展阶段：

第一阶段：代理制阶段。中国农业发展银行在成立初期，省及以下分支机构尚未建立，各项农业政策性信贷业务由农业银行分支机构全面代理。实践证明，代理制很难实现国家组建农业政策性银行的预期效果，一是没有实现农业政策性金融业务和商业性金融业务的彻底分离，制约着农业银行由国有专业银行向国有商业银行全面转轨；二是在实际运作中，农业政策性信贷资金管理工作由中国农业发展银行负责，具体经营工作由农业银行负责，从而出现了农业政策性信贷业务经营与管理分离，但是，中国农业发展银行对负责代理其业务经营的农业银行各级分支机构没有行政隶属关系，无法对代理业务进行监督检查，容易造成农业政策性信贷资金被挤占、挪用和流失的现象。三是农业银行代理中国农业发展银行业务属于一种行政安排，而不是通过市场竞争招标获得，双方签订的委托代理协议缺乏有效约束力，导致这种代理关系缺乏有效的激励和约束机制，在实际操作中代而不理、有章不循的现象比较普遍，侵害中国农业发展银行权益的现象经常发生。

第二阶段：基本自营阶段。鉴于代理制存在的种种弊端，1996 年 8 月，国务院作出《关于农村金融体制改革的决定》，明确提出增设中国农业发展银行省以下分支机构。接着，中国人民银行批准《中国农业发展银行增设机构实施方案》，这标志着中国农业发展银行由代理制向基本自营迈出了重要一步。该方案规定，在中国农业发展银行总行和省级分行设立营业部；在地、市一级设立分行；在贷款余额（截至 1995 年底）达到 5 000 万元以上的县，设立县级支行；在贷款余额（截至 1995 年底）不足 5 000 万元的属于国务院确定的贫困县，由中国农业发展银行派驻信贷组；其他县的业务，由中国农业银行负责代理。到 1996 年底，大多数省份已经完成了分支机构组建工作，从 1997 年 1 月 1 日起省级以下分支机构正式对外营业，这标志着中国农业发展银行基本实现由全面代理向基本自营的转变。中国农业发展银行实现业务基本自营后，及时足额供应收购资金，有效防止了农民“卖粮难”和“打白条”现象的产生，保护了种粮农民积极性，促进了农业生产的稳定发展。同时，中国农业发展银行在支持农业综合开发、实施“八七扶贫”攻坚计划等方面也取得显著成效。然而，由于传统粮食流通管理体制没有理顺，财政、企业和银行之间职责界定不清晰，以及中国农业发展银行附营业务和农业综合开发贷款业务牵涉了大量人力、物力和财力，不但严重影响了中国农业发展银行政策性目标的实现，还造成了收购资金被挤占、挪用和流失现象十分严重，企业亏损挂账大量增加。

第三阶段：封闭运行阶段。从 1998 年 4 月开始，国务院决定对粮食流通体制进行改革，实行“三项政策，一项改革”，即按保护价敞开收购农民余粮，国有粮食购销企业顺价销售，粮食收购资金实行封闭运行，加快国有粮食企业改革。与此同时，对中国农业发展银行业务范围进行调整，将农业综合开发贷款、扶贫贷款等专项贷款以及粮棉油企业加工和附营业务贷款划转到其他国有商业银行，而中国农业发展银行专门从事发放和管理粮棉油收购、储备和调销贷款，确保粮棉油收购资金实现封闭运行。为确保“三项政策，一项改革”措施的贯彻落实，国务院公布了《粮食收购条例》《粮食购销违法行为处罚办法》等。为此，中国农业发展银行采取了“收购一斤粮，发放一斤粮贷款；销售一斤粮，收回一斤粮占用贷款”、为企业开设收购资金专户等封闭管理措施，以加强贷款管理和收购资金封闭运行。这一时期，中国农业发展银行在贷款余额基本没有大量增加甚至还有所下降的情况下，基本保证了粮棉油收购资金及时足额供应，有效遏制了收购资金挤占、挪用的现象，大大推动了粮食流通体制改革进程。

2000年4月以后，随着粮食流通体制改革步伐加快，粮食购销市场开始逐渐放开。对于粮食购销市场仍未放开的省份，中国农业发展银行继续支持国有粮食企业按保护价敞开收购农民余粮；对于粮食购销市场已经放开的省份，则实行“以销定贷，以效定贷”的信贷管理原则，积极发放非保护价粮食收购贷款和调销贷款，支持发展订单农业和高产、优质、高效农业，支持粮食主产区和粮食主销区之间开展产销衔接，促进农业产业结构调整和优化。2002年，中国农业发展银行根据《国务院关于进一步深化粮食流通体制改革的意见》的精神，与有关部门联合组织开展粮食购销企业与粮食加工企业联营试点工作，并开办了粮食合同收购贷款业务，业务范围逐步从粮食流通领域向粮食生产和加工领域延伸。2004年6月，全国粮食购销市场全面放开，国有粮食企业改革步伐加快。经银监会批准，中国农业发展银行开办大型粮食加工企业收购资金贷款业务，将以粮食为主要加工原材料的农业产业化龙头企业和地（市）级政府确认的地方粮食加工骨干企业纳入业务范围。2005年，经中国银监会批准，中国农业发展银行增加了国家和地方化肥储备、地方糖储备、地方肉储备等储备信贷新业务。2007年1月，经银监会批准，中国农业发展银行开办农村基础设施建设贷款、农业综合开发贷款和农业生产资料贷款，支农业务范围得到进一步拓展。

（三）中国农业发展银行支农取得一定成效

中国农业发展银行自成立以来，在增强政府对粮棉油市场的宏观调控能力、支持粮棉油收购和保护农民利益、促进粮食主产区农业产业结构调整、推动整个金融体制和粮食流通体制改革等方面发挥了重要作用。

（1）认真贯彻落实国家粮食购销政策，切实做好收购资金供应和管理工作，解决了多年来困扰各级政府和广大农民群众的“打白条”问题，有效保护了种粮农民利益，促进了农业生产的发展和农村社会的稳定。

（2）支持国家粮食储备体系建设，增强了政府对粮食市场的宏观调控能力，有效缓解了粮食供求矛盾，确保了国家粮食安全。

（3）加强了粮食收购资金管理，有效遏制了挤占、挪用粮食收购资金现象的发生，向中央银行借款和国家财政补贴逐年减少，初步实现了“保本微利”经营，极大地减轻了中央财政负担。

（4）促进了粮食主产区农业产业结构调整。如前所述，对于粮食市场没有放开的地区，支持国有粮食企业按照保护价敞开收购农民余粮；对于粮食市场已经放开的地区，按照“以销定贷，以效定贷”的原则，积极向国有粮食企业发放非保护价粮食购销贷款，支持地方发展订单农业和粮食主产区、主销区之间产销衔接，支持发展高产、优质、高效农业，促进粮食主产区农业产业结构调整。

（5）有效推动了金融体制改革进程。一方面，大大促进了国有专业银行向商业银行转轨的进程；另一方面，形成了中国农业发展银行、中国农业银行、农村信用社分工明确、相互配合的农村金融体系，推动了农村金融体制改革进程。

（四）中国农业发展银行面临的问题

目前，中国农业发展银行面临如下问题：

（1）法制化建设较为滞后。中国农业发展银行成立已经十几年了，但针对农业政策性银行的法律、行政法规或其他具有较高立法层次的规范性文件，如《农业政策性金融法》或《政策性银行管理条例》至今仍未出台，对中国农业发展银行的性质、地位、职能界定、经营目标、经营原则、业务范围、管理体制、运作机制、资金来源及运用、外部监管等没有以法律的形式进行明确的界定，以至于其在与各级政府、财政部门、中央银行、银行监管部门、商业银行、粮棉油企业之间进行协调关系和处理矛盾时无法可依，更多的是采取行政化操作方式，经营管理活动存在明显的不确定性，容易受到有关政府部门的不适当干预，信用风险难以有效控制。

（2）组织机构设置不合理。目前，中国农业发展银行组织机构呈现出这样一种格局：一方面，不管业务量大小和业务种类多少，完全按照行政区划设立组织机构，在各省（自治区、直辖市）、地（市）及大部分县（市、区）都设立分支机构，形成一种总行—省级分行—地（市）级分行—县级支行的“三级管理，一级经营”的组织管理模式。据统计，截至2003年末，中国农业发展银行系统共有职工59 487人，其中临时工7 888人（主要集中在县级支行），每年运营费用达50多亿元；共有各级各类机构2 275个，其中省、计划单列市分行和相应的营业部71个，地市分行和营业部559个，县支行1 607个，3个县级办事处和34个信贷组。这种组织管理模式，一方面不符合社会主义市场经济的发展要求和运行规律，既可能在一定程度上造成机构和人员的闲置或浪费，又不利于合理、有效、集中配置信贷资金。另一方面，在一些农业和农村经济发展水平较低、信贷业务量较小的县（市），农业发展银行没有设立基层分支机构，由中国农业银行或其他商业银行代理。实践证明，这种由商业银行代理政策性业务容易引发道德风险，导致信贷资金被挤占、挪用或流失的现象发生。

（3）资金来源渠道比较单一。中国农业发展银行资金来源主要包括实收资本、向中央银行再贷款、各项存款、发行债券等几种渠道。其中，向中央银行再贷款是中国农业发展银行资金来源的主要渠道。中国农业发展银行成立以来，多数年份向中央银行再贷款6 000亿元以上，其占负债总额的比重达80%以上，尤其是1997年向中央银行再贷款超过8 000亿元，其占负债总额的比重达 90%左右。近年来，中国农业发展银行加大了市场化筹资力度，使长期以中央银行再贷款为主体的单一筹资渠道有所改善，2005 年中央银行再贷款占负债总额的比重由 2004 年的 81.36%下降到 61.51%。

(4) 业务范围过于狭窄，信贷区域分布不平衡。1998 年以前，我国农业政策性金融业务主要集中在以下两个方面：一方面，发放以固定资产贷款为主的扶贫贷款和农业综合开发贷款，以改善农业生产条件，增强农业发展后劲，促进贫困地区经济快速发展；另一方面，发放以流动资金贷款为主的粮棉油等主要农副产品收购、储备和调销贷款，以支持粮棉油等主要农副产品收购、储备和调销，促进农业扩大再生产顺利进行。1998 年，为了配合粮食流通体制改革，中国农业发展银行业务范围进行了相应调整，主要集中在对农产品流通领域进行信贷支持。目前，其贷款业务范围偏窄，大部分贷款集中在粮、棉、油等主要农副产品收购、储备和调销上，约占全部政策性贷款余额的 85%以上，而对农业和农村生产环节发放的贷款尤其是扶贫性、开发性贷款则很少。

此外，农业政策性信贷区域分布不平衡，呈现出明显向粮食主产区信贷倾斜的趋势。从省际信贷分布来看，到 2000 年末，山东、河南、黑龙江、吉林、湖北、安徽等主要粮食主产区累计共获得政策性信贷余额约占全国总量的 83%，国家批准认定的 535 个产粮大县（约占全国总数的 22.5%）和 150 个产棉大县（约占全国总数的 6.3%）的政策性信贷余额占比约为 45%（王永龙，2004）。

(5) 缺乏有效的风险防范和利益补偿机制。如前所述，由于农业自身的弱质性，一些地方出现国有粮食企业和财政挤占、挪用粮食收购资金以及粮食企业亏损挂账的现象，中国农业发展银行在经办农业政策性金融业务过程中，承担着巨大的经营风险，很容易导致不良信贷资产增加和财务状况恶化，而相应的利益补偿机制却没有建立起来。

(五) 中国农业发展银行改革方向之争论

目前，有关中国农业发展银行改革方向和职能调整，主要有以下几种不同观点：

观点一：将现有中国农业发展银行及其分支机构与农村信用社合并，成立“中国农村发展银行”，该银行既承担现有的粮棉油收购资金供应和管理任务，又接管目前农村信用社的业务，从而拓展农业发展银行业务范围。

观点二：将现有中国农业发展银行及其分支机构与中国农业银行基层机构、农村信用社合并，成立“中国农村区域发展银行”，或者地方性银行。

观点三：将中国农业发展银行整体并入国家开发银行。

观点四：撤销中国农业发展银行，设立新的农村政策性金融机构，构建新型农业政策性金融体系。例如成立“中国农村中小企业信贷银行”，或由县乡

（镇）政府、各类农村企业共同出资组建“区域性农村开发银行”。

观点五：目前中国农业发展银行不是真正意义上的农业政策性金融组织，应该在保留中国农业发展银行现有组织机构的基础上，对其功能或职能进行彻底调整，从各家金融机构中剥离出与农业和农村经济发展有关的政策性金融业务，统一划归中国农业发展银行进行管理。

目前，中国农业发展银行与农业银行、农村信用社基层机构甚至是与国家开发银行的合并与重组，均不能完成中国农村政策性金融组织制度的创新。因为农村政策性金融与农业银行、农村信用社、国家开发银行等的功能是不同的，具有不同的目标群体，否则，即使完成了组织制度上的变迁，也不能实现经营机制的转型（何广文，2005）。进一步来讲，深化中国农业发展银行改革不是一个简单的“并”“撤”“留”的问题，也不是一个简单的功能定位或职能调整的问题，而应将其放到整个金融体制改革与促进农业和农村经济持续快速健康发展的大背景下，考虑如何借鉴国外普遍存在的政策性金融成功的制度安排（实行政策性金融业务商业化、市场化操作）的基础上，建立一种符合当前我国农业发展和金融改革实际情况的现代农业政策性银行制度，使目标定位更加明确，管理手段更加先进，运营机制更加完善，相关配套措施落实到位，经济社会效益显著提高，可持续发展能力不断增强，这将是中国农业发展银行今后改革和发展应该着力解决的关键问题。

第三节　规范引导农村民间金融正规发展

在前面对以农村信用社为代表的农村合作性金融、以中国农业银行为代表的农村商业性金融、以中国农业发展银行为代表的农村政策性金融进行深入分析之后，我们发现，广大农村经济主体的金融需求并没有得到很好地满足，它们不得不转向民间金融。民间金融作为一种制度安排，对我国农村金融制度变迁具有十分特殊的意义，是伴随着金融抑制和正规金融有效供给不足而不断内生出来的，目前已经成为广大农村中小企业和农户解决资金短缺问题的一条重要渠道。

一、民间金融及相关概念界定

（一）民间金融概念不同观点比较

目前，关于民间金融的概念界定，归纳起来大致有如下几种观点：

（1）从民间金融自身的性质进行界定。正规金融是一种倾向于城市的、制度化和组织化的体系，而非正规金融本身就是非组织化和非制度化的，它适应于传统的、农村的、固有的经济模式。江曙霞（2001）认为，民间金融活动

（或组织）是一种复杂的现象，它既包括直接融资类型的活动，也包括金融中介类型的组织；既包括保障性质的互济互助，也包括商业性质的资金融通；既是一种提供资金融通服务的经济制度，又是一种促进社会进步的社会制度（就像孟加拉国乡村银行那样）。我国现代民间金融的复杂性还在于，它在不同地区呈现出不同的特征：在发达地区，它属于一种商业性质的融资组织；在经济落后地区，它更多地带有互助合作的色彩。刘乐山（2002）认为，民间金融是与官方金融相对而言的，是属于正式金融体制范围之外的，即没有纳入中国人民银行等金融管理机构常规管理系统的金融组织或活动。黄家骅、谢瑞巧（2003）认为，所谓民间金融，泛指个体、家庭、企业之间通过绕开官方正式的金融体系而直接进行金融交易活动的行为，其具体表现形式有民间借贷、民间互助会、储蓄互助社、地下钱庄、租赁公司、地下投资公司等。由于这些民间金融借贷行为往往是非法存在的，因此通常也被称为“地下金融”。左柏云（2001）认为，民间金融是正式金融体制之外的，由单个国有企业单位、集体和个人所从事的合法的、半合法的或不合法的资金融通活动。民间金融活动的范围很广泛，具体包括以下几个方面：①典当行；②企业内部集资；③大企业或大单位自办财务公司或财务中心；④以企业单位出面高息揽存，非法集资；⑤高息拆借，主要是急需资金的企业单位从正式金融机构和其他有富余资金的企业单位高息拆借资金；⑥农村合作基金会；⑦左邻右舍、亲朋好友的无息借贷和私人或私营企业的高利贷。

（2）从民间金融供给主体角度进行界定。孙莉（2002）认为，在国有金融体制之外产生的民营金融机构，是指由民营经济组织、集体或个人经营的银行或非银行金融机构，目前主要包括国家参股但不控股的股份制商业银行（如华夏银行、城市合作银行）、城市信用合作社、农村信用合作社、农村合作基金会以及名目繁多的互助储金会、民间资金服务部、资金调剂服务社、农村金融服务社等。周天芸、李杰（2005）认为，所谓正式金融是指由国有银行、商业银行和拥有现代化管理与技术的外国银行的分支网络，组成一个有限的但却是有组织的金融市场，在我国农村表现为国有商业银行和农村信用合作社所共同组成的金融体系；所谓非正式金融是指传统的、小规模经营的非正式金融组织，泛指不通过正式金融机构的一切非正式金融形式及活动，在农村表现为各种形式的民间借贷，包括钱庄、农村合作基金会、私人借贷等。

（3）从民间金融服务对象角度进行界定。姜旭朝（1996）认为，民间金融就是为民间经济融通资金的所有非公有经济成分的资金活动。刘静、郑震龙（1999）认为，民间金融是为民营经济融通资金的非公有成分的金融体系。其实，民间金融可以划分为两类，一类是正式合法的金融组织，如某些合作银行；一类是非正式或“非法”的，如私人钱庄等。

综合上述分析，对于民间金融概念的准确界定，需要遵循以下几个基本原则：从所有制关系上看，民间金融排斥国有独资，多为民有民营；从经营方式上看，民间金融往往采取股份制和合作制形式，或者无固定的组织形式，经营活动较为松散；从经营范围上看，民间金融一般仅限于区域内、地方内；从经营规模上看，民间金融活动一般规模较小；从运作模式上看，民间金融有互助合作性质，也有纯商业性质的，还有牟取暴利性质的，如高利贷等。基于此，本书将民间金融的概念界定为：与官方正规金融相对应，没有纳入官方金融当局监管的、在正式金融体制范围之外存在的各种形式的金融组织或活动。

（二）民间金融表现形式

一般地，民间金融主要包括以下几种表现形式：

（1）民间借贷。民间借贷按照不同的标准，有不同的划分方式。按照偿还方式的不同，民间借贷可分为借货币还货币、借货币还实物、借实物还实物和借实物还货币四种形式。按照借贷利率高低，民间借贷可以分为白色借贷（友情借贷）、灰色借贷（中等利率水平的民间借贷）和黑色借贷（高利贷）。其中，白色借贷主要是发生在亲戚朋友、乡亲邻里之间的小额借贷，偶尔也发生数额较大的借贷，但与正常的生产经营所需的流动资金贷款的额度相比，仍然是数额较小甚至是微不足道。这种借贷没有利息或者利率很低。黑色借贷的借出者就是为了获取高额利息，牟取暴利，主要发生在以下两类地区：一类是经济发展比较落后的地区，特别是东北、西南地区比较突出，这些地区人们收入水平比较低，生产生活条件差，抵御自然灾害和应对意外事故的能力比较弱，一旦遇到天灾人祸往往要求助于高利贷；另一类地区是在沿海地区，这些地区贩卖毒品、枪支弹药以及各种走私违法犯罪活动较为猖獗，只要成功就能牟取非法暴利，为此这些人也敢于出高利率来筹集大量资金，同时出借人为了补偿这种高风险所面临的巨大损失，也往往要索取较高的利率。灰色借贷是民间借贷中利率处于白色借贷和黑色借贷之间的中等利率水平的一种形式，大多发生在个体经济、民营经济比较活跃和商品经济、市场经济比较发达的地区。

（2）民间集资。民间集资是为了组织生产经营活动或其他用途，按照自愿互利的原则，资金使用者集中社会闲散资金的一种直接融资形式。正是由于民间集资属于一种直接融资形式，资金所有者要直接承担最终借款人发生违约和项目失败的风险。由于民间集资活动的发起人不同，所以在集资目的、利率水平等方面也存在很大的差异。按照集资活动发起人的不同，可将集资活动分为以下几类：①以国有机构或部门为发起人的集资活动。一些国有机构或部门为了本部门利益和提高职工福利水平，通过以高于银行同期存款利率水平的方式吸引本单位职工（或通过熟人介绍的其他单位职工）参与集资活动，以创办各种经济实体，增加利润收入。不过，随着国家机关不得创办各类经济实体的有关政策规定出台后，这种类型的集资活动已渐渐消失。②以地方政府特别是县乡政府作为发起人的集资活动。在经济转轨时期，一些地方政府特别是县乡政府为了加快发展地方经济，在正常的融资渠道无法满足资金需求时，就通过各种形式的集资活动创办乡镇企业、改善乡村基础设施、创办农村社会公益事业等。③以企业为发起人的集资活动。一些企业（主要是集体所有制企业和乡镇企业）为了解决暂时的资金短缺或资金周转困难而向本单位职工发起集资活动，这种集资活动往往带有某种程度上的非自愿性，如以资代劳、硬性摊派等。在经济转轨时期，集资活动在广大农村地区一直比较活跃，但由于相关制度不健全、配套措施跟不上，以及对民间集资活动缺乏统一的法律规范和有效监管等多方面原因，民间集资活动被一部分人或组织利用而从事非法生产经营活动或用于其他目的，严重扰乱市场经济秩序和影响社会安定团结。

（3）合会。合会原是很早就在我国民间盛行的一种基于血缘和地缘关系、带有某种互助合作性质、集储蓄与信贷于一体的自发性群众融资形式。它是一个综合性的概念，是各种金融会的通称。由于合会种类繁多，各地对合会的称呼也有所不同。例如，在山东、江苏等地称“请会”“聚会”，在湖北等地称“约会”，在江西、安徽、湖南等地称“打会”，在浙江等地称“纠会”，在云南等地称“赊会”，在广东等地称“做会”等。合会通常由一位需要资金的人（即合会的发起人，称“会首”）主动邀请若干亲戚朋友（称“会脚”）参加，约定每隔一段时间举会一次，每次聚集一定的款项（称“会金”，通常是整数），轮流交给会员中的一人使用，借以互助合作。其中，第一期会金由会首使用，以后各期合会按照一定的规则决定会员使用会金的次序：如果事先固定好使用次序的，称“轮会”；如果按照抽签或投骰的方式决定使用次序的，称“摇会”；如果以投标方式决定使用次序的，称“标会”。当全体会员均获得使用一次会金的机会，那么　会的“生命周期”就意味着结束。实际上，前几期使用会金的会员一般是资金的借入者——类似于整借零还，付出的会金比得到的会金要多，其差额相当于付出了一笔贷款利息；而后几期使用会金的会员一般是资金的借出者——类似于零存整取，得到的会金比付出的会金要多，其差额相当于得到了一笔储蓄利息收入。

（4）银背和私人钱庄。银背和私人钱庄是一种扩大了的民间自由借贷形式，是商品经济发展到一定阶段的产物。随着社会分工和商品交换的不断发展，特别是工商业的发展对资本的需求不断增加，民间自由借贷这种比较简单的形式因其借贷规模较小、信息搜集成本较高等，进而市场交易成本往往大于收益所得。在这种情况下，银背和私人钱庄应运而生，大大降低了民间自由借贷的交易成本，提高了资金利用效率。其中，银背作为一种信用中介人，以个人信用及所掌握的大量信息为基础，为借贷双方牵线搭桥，并从中收取手续费和信息费而获得收益。钱庄，又称“钱铺”“钱店”，旧时在中国北方称“银号”，南方多称“钱庄”，其中浙江人又称之为“银背”，福建人称之为“钱中”。私人钱庄和银背在性质上大体相同，它是为借贷双方提供担保的非正式组织。总体上看，钱庄的利率水平介于民间借贷与银行、信用社之间，即高于银行、信用社的利率水平，而低于民间自由借贷的利率水平。

（5）典当。典当是指出当人将其拥有所有权的物品作为抵押，从当铺中获得一定的当金，并在一定期限内连本带息赎还原物的一种民间融资行为。典当行以营利为目的，主要依靠顾客支付的利息生存。在历史上，典当行的主顾一般是需要钱的人，他们往往因生活所迫，如缺衣少食、无钱治病等，在告贷无门时只有拿自己的生活物品去当铺抵押而获得一部分“救命钱”或“救急钱”，日后有钱时再赎回来。在当代，典当行仍然以营利为目的，遵循公平交易、自愿互利的经营原则，一般以居民个人、个体工商户和企业为主。

（三）民间金融相关概念界定

（1）非制度金融。楼远（2003）认为，非制度金融亦称非正规金融、民间金融。一般将正规金融体制（由政府法规制度认可的金融运作体制）内运作的金融机构体系称为制度金融，最典型的范例就是正式的银行系统，银行系统的运作很大程度上要依靠严密规范的制度作保障；在正规金融体制外运作的金融机构体系称为非制度金融，主要包括各种民间金融形式，如私人借贷、合会、抬会、互助社、钱庄等。何广文、冯兴元等（2005）认为，非正规金融指非法定的金融机构（即非正规金融部门）所提供的间接融资以及个人之间或个人与企业主之间的直接融资。由于非正规金融活动通常未经政府批准或未被纳入金融监管进行规制，因此被贬称为“地下金融”或“草根金融”而蒙上了非法的阴影。需要注意的是，非正规金融不是经济欠发达国家所特有的，经济发达国家也普遍存在着各种形式的非正规金融活动。

（2）地方性金融。肖冠文（2000）认为，地方性金融机构是指由地方政府、经济组织和居民个人出资组成的地方（区域）性商业银行、信用社、信托、租赁、典当等多种金融性组织的总称。与国有（控股）商业银行相比，在规模上属中小金融机构，城乡信用社和地方性商业银行是地方性金融机构的主要组成部分。

（3）民营金融。史晋川、严谷军（2001）认为，民营金融可以界定为由除国有或国家控股的金融机构以外的金融机构，即民营金融机构所提供的金融服务和与此相关的金融交易关系的总和。钱小安（2003）认为，一般来说，民营金融有广义和狭义之分。广义的民营金融是指政府和国有企业之外的其他主体参与的金融活动，它与公营（或国营）相对应，在本质上与商业化、股份化是一致的；狭义的民营金融是指私营资本主导参与的金融活动。民营金融与民间金融之间，既相互联系，又相互区别。二者共同点在于，参与者都是私有企业和个人；不同点在于，前者具有法定约束，有关当事人的权益受到法律和法规保护，而后者则属于自发性和自主性，相关权利和责任缺乏相应的法律保护，有的甚至与地下金融或非法融资相联系。左柏云（2003）认为，民营银行是相对于官办（国家办）银行而言的，民营银行的特点：一是在产权结构方面国有经济比重不占优势；二是在银行高、中级经理人员产生方面通过市场选择、招聘，实行真正的公司治理结构。根据这两个特点，笔者认为，除近期央行特批的个别民营银行外，国内银行业很难找出几家真正意义上的民营银行。

（4）民有金融。张庆亮（2003）认为，民有金融与“国有金融”概念相对应，指主要由民间资本构成并掌握着控制权的各种金融机构，通过资金的融通活动或资金的借贷活动，主要为居民和非公有制经济提供各种金融服务的金融形式，包括个体、私有、股份制、股份合作制、合作制等多种金融形式所参与的资金融通活动的总和。“民有”的实质在于主要“为民所有”并且由“民”掌握着控制权，自主经营。“民有”一词不太注重生产资料是否全部为“民”所有，不像“私有”那样追求纯而又纯，但它特别强调“民”在资产股份中要占有较大份额、由“民”掌握控制权。从民有金融主体来看，它主要是以民间资本为主构成的，也就是说它并不强调必须全部由民间资本组成，也可以有其他资本参与，如可以有少量的国有资本参与，但重要的是必须由民间资本掌握着控制权，而不能让其他资本控制。从民有金融的客体来看，主要是居民和中小企业（特别是民营企业），随着民有金融的发展壮大，民有金融的客体最终会将一些大型企业（包括大中型国有企业）涵盖在内。

（5）灰黑色金融。朱德林、胡海鸥（1994）认为，我国灰黑色金融的定义是从地下（隐形、灰色或黑色）经济学的有关定义中引申出来的，实际上也是该经济学的一个分支。所谓地下经济，是指不受政府控制监督、不为统计报表所反映、也不纳税的经济，实际上就是隐蔽的、不公开的经济。同理，我国的灰黑色金融则是指不为政府控制监督、不为各类统计报表所反映、也不纳税的金融活动，实际上正是指隐蔽的、不公开的金融。在地下经济的研究中，灰色和黑色只是翻译和提法的不同，所指的同是不公开经济的全部。而在我国灰黑色金融的研究中，灰色和黑色却是不公开金融的两个部分，它们的加总才是公开金融以外的全部。凡为现行制度法规所不容，但适应市场经济发展要求的金融活动，把它定义为灰色金融；凡既为现行制度法规所不容，又不适应市场经济发展客观要求的金融活动，则定义为黑色金融。一般来说，灰色金融的不公开性在于其与现行体制的不相适应，而黑色金融的隐蔽性则在于其对社会经济的损害。因此，随着经济体制改革的深化，灰色金融因为其中的相当部分变得公开而范围趋于缩小，黑色金融却难以获得合法存在的资格。

二、民间金融日趋活跃的原因分析

当前，民间金融活动特别是民间借贷活动在广大农村地区十分盛行，其主要原因是：

(1) 相对于正规金融机构而言，民间金融交易费用较低。从制度经济学角度来看，交易费用是从事社会经济活动的各个主体之间由于彼此之间存在知识、信息不对称以及经验存在差异而导致的结果，是利益冲突与调和过程中所损耗的各种资源。农村民间金融作为一种特殊的制度安排，具有独特的信息甄别机制，能够有效降低借贷双方面临的信息不对称问题，在很大程度上减少了逆向选择和道德风险的发生。我国传统社会是典型的“乡土社会”，有很强的家族、血缘、地缘意识。民间借贷活动也往往以血缘、姻缘、地缘等社会关系为依托，通常在亲戚、朋友、熟人、朋友、邻里、同学、老乡等一个相对较近的社会关系范围中进行。正是基于此，贷款人不仅对借款人的家庭情况、经济状况、还款能力有比较清楚的了解，还非常熟知借款人的道德品质、社会交往情况，有利于克服借贷双方面临的知识、信息不对称问题和经验差异问题。而且，民间借贷方式非常灵活，借款金额、借款利率、偿还期限等往往是由借贷双方根据实际情况商量确定，而且手续简便、快捷，无须抵押担保手续，最多一张借条即可解决问题，有的仅仅是口头约定而已，交易成本较低，从而为民间金融提供了广阔的生存和发展空间。

(2) 明晰的产权关系及由此所形成的激励约束机制，是农村民间金融产生和发展的重要前提条件。“产权不是指人与物之间的关系，而是指由物的存在及关于它们的使用所引起的人们之间相互认可的行为关系。产权安排确定了每个人相应于物时的行为规范，每个人都必须遵守与他人之间的相互关系，或承担不遵守这种关系的成本。因此，共同体中通行的产权制度是一系列用来确定每个人相对于稀缺资源使用时的经济和社会关系。”也就是说，产权具体规定了人与经济物品有关的行为准则，所有人在与他人相互作用过程中必须遵守，否则就必须承担不遵守有关行为准则所带来的惩罚成本及其他损失。产权不清晰、所有者缺位是造成我国正规金融机构特别是国有商业银行效率低下、出现“内部人控制”的重要原因，并导致对非公有制经济成分特别是民营中小企业的贷款歧视，使之陷入融资难困境。相反，非公有制经济主体和农村民间金融组织本身都是独立的产权主体，其交易活动完全是建立在竞争机制、供求机制、价格机制等市场机制的基础上，为提高投融资活动效率和操作透明度提供了有效的产权保障。农村民间金融组织或活动有着一套独特的惩罚约束机制，特别是农村社会的乡规民约、民风民俗等非正式制度对农户行为起到了强烈的道德约束作用。而且，通过长期的彼此交往，农户已经在社区中建立了对其生存和发展至关重要的社会资本，促进了彼此之间的相互了解和信任。对于那些借款人如果不能按期偿还借款，他们失去的不仅是自身声誉和信用损失，可能还有亲朋好友及周围的人日后对自己的疏远、责备，许多方面将因得不到其他农户的合作而遭遇种种困境，甚至还可能出现暴力讨债的情况，也正是这种非法律途径对违约者有着莫大的威慑力。

（3）小农经济具有适应民间金融的天然特性。农村经济主体的微观活动及其融资行为具有分散化、规模小、周期长、监控难、风险大等特点，难以进入商业化的正规金融，因此小农经济天然、长期地与民间借贷相结合，而农村正规金融的退出导致农村非正规金融的迅速分蘖（温铁军，2001）。

（4）农民生产、生活方式发生变化。改革开放以来，农村商品经济发展，农民传统思想观念发生变化，彻底改变过去的那种传统而单一的生产、生活方式，从事第二、三产业的生产经营，如兴办一些工厂、商贸企业以及从事农产品加工、运输等。这样，一些在正常情况下无法从银行取得贷款而又急需发展资金的农户不得不求助于民间借贷，这在一定程度上刺激了民间借贷的迅速发展。

（5）农村缺乏有效的投资渠道。由于当前农村金融市场还不发达健全，县以下区域缺少证券投资，国债也很难买到，加之受传统思想观念、思维习惯、信息渠道等因素影响，银行存款仍是目前大多数农村地区最主要的投资方式。银行存款利率相对较低，对资金持有者缺乏吸引力，而民间资金趋利性是农村民间借贷日趋活跃的重要推动力。

（6）宏观经济金融形势、政策的影响。例如，国有商业银行从 1998 年起开始收缩县及以下分支机构，并上收贷款审批权限；东南亚金融危机之后，国家开始清理整顿直至最后关闭农村合作基金会，等等。这些政策措施的出台，为农村民间借贷生存和发展创造了广阔的空间。

三、农村民间金融运行机制分析

（一）借贷规模

据全国农村固定观察点系统在全国 31 个省份对 20 294 个农户的调查，1999 年农户通过民间借贷市场获得的贷款占农户贷款总数的 69.41%，平均每户 1 008.56 元，其中，有息借款 491.87 元，占 48.77%。如果按全国 2 亿农户计算，1999 年全国农户民间金融市场贷款量高达 2 000 多亿元，其中有息贷款近 1 000 亿元。根据中国人民银行山西省中心支行的一项民间借贷抽样调查，目前山西省有 27 个县（市）、133 个乡（镇）、1 844 个行政村不同程度地存在“民间借贷”，其中 93 463 户农民参与民间借贷活动，约占全省农户总数的1.57%；民间借款总额约为13 937万元，占全省农村信用社贷款余额的0.32%，借款最高月息达到8%。

庞明川（2006）认为，在农户资金需求得不到满足的情况下，民间高利贷显著回升，各地“抬会”“标会”“地下钱庄”等十分活跃。尤其是2004年4月之后，央行紧缩贷款规模，反过来激活了民间借贷。中央财经大学课题组的研究表明，目前中国地下信贷规模介于7 405亿～8 164亿元之间，地下融资规模占正规途径融资规模比重平均达到了28.07%。有关专家认为，我国农村民间借贷规模已远大于正规信贷规模，并以每年20%左右的速度快速增长。国际农业发展基金的一份研究报告也明确指出，我国农民来自民间金融市场的贷款是来自正规信贷机构的4倍。

根据央行调查统计司对民间融资的调查推算，我国民间融资规模为9 500亿元，占GDP的6.96%，占本外币贷款的5.92%；在此前后，中央财经大学金融学院副教授李建军的一份课题调查报告也显示，全国17个省份的中小企业有超过三成的融资是来自于私人钱庄、企业相互拆借等非正规金融途径；另据“2004年中国区域金融运行报告”显示，2004年我国各个地区直接融资比重较低，民间融资趋于活跃，该年度我国民间融资总量在14亿元左右，相当于当年贷款增量的1/3以上。

（二）资金用途

如前所述，农户借贷主要用于生活性借贷、生产性借贷，以及应对其他意外事件等。

（三）借贷利率

根据温铁军2000年对全国15个省、24个市（县）的41个村的调查，存在民间借贷的村占90%，计利息的民间借贷发生率达85%；在民间借贷利率中，月息低于1.5分的借贷占36.4%，其余为高利贷，占63.6%；在高利贷中，月息1.5～2.0分的占20.5%，2.0～4.0分的占18.2%，超过4.0分的占近25%。

中国人民银行江西省泰和县支行对县内南溪、冠朝等6个乡镇民间借贷情况进行调查发现，2003年民间高利贷总额达850万元，高利贷资金投向生产、生活、流通等领域。高利贷年利率的高低取决于不同的借款用途；用于农业生产略高一些，为30%；用于解决农民生活困难所需，为22%左右。在泰和县沙村乡一带高利贷利率达到35%～40%，有的甚至高达50%；借贷利率高出央行一年期贷款利率的4～9倍。

具体来说，影响民间借贷利率高低的因素主要包括以下几个方面：

(1) 资金的机会成本，又称无风险收益率，是指在进行投资决策分析过程中，从各种可能选择的投资方案中筛选出来的最优方案而放弃其他方案所造成的潜在可能的利益损失。由于民间资金所有者可以进行多种投资选择，如银行储蓄、证券投资、房地产投资、工艺艺术品、民间借贷等，而且市场中潜藏的各种不确定性因素很多，在承担高风险的同时要求获取高回报，实现风险与收益在某种程度上的对称，这种状况意味着投资面临的不确定性因素越多、风险越大、机会成本越高，民间借贷利率也就会相应上涨，以此作为对投资高风险、高机会成本的经济补偿。

（2）风险报酬，又称风险成本因素或贷款的风险程度。民间借贷的风险程度与借款者的经济能力和信用品质、有无抵押担保品及其价值大小，以及贷款的数量、期限、用途等方面密切相关。众所周知，任何贷款人在进行资金定价时都会评估其贷款的风险发生概率及其损失程度。与正规金融机构相比，除了面临较大的信用风险以外，民间金融一直处于非法或半非法经营状态，融资双方面临着被有关政府部门严肃查处和严厉惩罚的风险。基于此，贷款者一般要求借款者要支付较高的利率，以便获得与承担较大风险相对应的报酬——正常的利息收入和风险溢价收入。

（3）补偿交易成本的报酬。从理论上讲，由于民间借贷没有国家正规金融机构的规模经济效应，所以每笔贷款的交易成本（也可以说是管理费用）相对较高。但是，由于正规金融机构的每笔贷款要经过贷前调查论证、贷时审查报批、贷后跟踪等一系列环节，需要支付较高的管理费用和时间成本，而民间借贷则可通过许多简便易行的办法来减少费用支出，如不需签订借贷协议，只是一个简单的口头协定。显然，民间借贷的交易成本往往比较低。

（4）市场垄断因素。一方面，由于在广大农村地区存在比较严重的金融抑制现象（如利率管制、限制金融机构自由的市场准入等），使得一些正规金融机构对民间经济贷款很少，造成民间资金供给相对稀缺，这样民间贷款就具有了一定程度上的垄断意义；另一方面，民间资金区域分布不均衡，一些资金大户对一定范围内的资金市场具有较强的市场垄断地位，特别是对一些资金需求量较大的借款者来说，必须仅仅依赖于这种市场垄断力量才能满足其资金需求，从而又进一步人为地增强了民间金融市场中垄断因素的力量。如果正规金融机构通过各种途径介入农村金融市场，在一定程度上缓解农村金融抑制程度和市场垄断程度，有效削弱农村信用社或其他民间放债人在广大农村地区特别是偏远农村地区的市场垄断地位，这将使民间借贷利率大幅度降低。

（5）民间资金供求状况，是决定民间借贷利率水平的重要影响因素。根据经济学一般原理，当民间资金供给比较充裕时，民间借贷利率总体水平相对较低；当民间资金供给缺口较大时，利率水平则相对较高。

（6）通货膨胀因素。英国经济学家理查德·L基钦在《发展中国家的金融》（1990）一书中指出，在影响农村利率高低的众多因素中应该包括愚昧因素，其现实依据就是许多人对其借贷的真实利率并不十分清楚，也就是说他们并没有认识到通货膨胀对借贷利率的侵蚀作用。

（7）民间经济的一般获利水平及当地经济的获利水平，可以说是马克思平均利润率原理在民间借贷领域的具体实现。一方面，民间经济的一般获利水平大体上可以作为民间资本获利高低的参照物，民间资本必然要求等量资本获取等量利润，至少不应该低于民间经济的一般获利水平，否则民间贷款人不会把资金投向民间借贷市场；另一方面，当地经济的获利水平是考虑民间借贷利率高低的一个重要参考指标，因为借款者的投资获利水平是决定贷款利率高低的重要界限。

（8）国家宏观经济政策特别是货币信贷政策对民间金融市场利率水平将会产生较大的影响。例如，当整个国民经济出现过热或存在通货膨胀的迹象时，政府将采取相应的宏观调控措施，如通过上调商业银行存款准备金率、贷款利率等方式来紧缩银根，减少信贷投放规模和调整信贷投放结构，使得一些从正规金融机构无法获得贷款或不能获得足额贷款的企业，特别是中小企业便转向民间金融市场筹集资金，结果会刺激民间金融市场利率水平大幅度上涨；反之，当整个国民经济出现萧条或存在通货紧缩的迹象时，政府会采取宽松的宏观经济政策和措施，如降低商业银行存款准备金率、贷款利率等方式来放松银根，增加银行信贷规模，从而加大正规金融机构对中小企业或农户的支持力度，减少民间借贷市场份额和降低其利率水平。

（9）经营方式因素。一般而言，农村民间金融与正规金融机构具有不同的经营方式，正规金融部门机构网点比较多，具有较强的规模经营优势，收益主要来自存贷利差；而农村民间金融部门机构网点少，人员数量也较少，经营规模较小，更多的是一种自我服务型的组织，不仅要获得利差收入，还要参与投资利益的分享，因此民间借贷利率要相对高一些。

最后，需要着重指出的是，尽管一些民间借贷活动属于无息借贷或低息借贷，但这些民间借贷活动的利息可能并不表现为货币化的利息收入，而是表现为一种隐含的、不以货币收入作为衡量标准的利息收入，如借入者可能要为借出者日后无偿提供某种形式的帮助和赠予，在一些公开交往场合要为借出者说好话或做好事，或者提供其他形式的“人情债”补偿。

第五章　农村金融高质量发展的桎梏

本章将运用现代金融发展理论及其分析工具，对改革开放以来我国农村金融发展进行总量描述和若干实证分析。

第一节　农村金融发展质量的实证分析

一、农村存款增长情况

金融发展质量或金融深化程度，取决于经济货币化程度。现代金融发展理论研究的一个核心问题是，通过金融机构的中介作用，尽可能地动员储蓄存款，并将这些资源进行合理配置。改革开放以来，随着我国农村经济的快速发展和农民收入的提高，农村经济货币化程度迅速提高，农村金融机构储蓄存款迅速增长。本节主要分析中国农业银行、中国农业发展银行、农村信用社和农村邮政储蓄机构等农村正规金融机构吸收的各项存款；其次考察我国农村金融机构储蓄存款增长情况，并简要分析影响我国农村金融机构储蓄存款变动的主要原因。

从目前来看，中国农业银行、农村信用社和邮政储蓄机构是吸收农村储蓄存款的主要金融机构，除此之外，在东部和中部经济发达地区的农村和大中城市郊区，还有中国工商银行、中国建设银行等国有金融机构以及众多中小金融机构也在吸收农村储蓄存款。本书主要考察中国农业银行、农村信用社储蓄存款和农村邮政储蓄存款的增长变动情况。根据历年《中国金融年鉴》和 2001 年《中国统计年鉴》中的统计数据，我们计算了农村金融机构储蓄存款及其占比情况。

（1）1979 年以来，农村金融机构储蓄存款总量增加非常快，2000 年农村金融机构储蓄存款绝对额比 1979 年增长了 250 倍。其中农行储蓄存款增长了 519 倍，农村信用社储蓄存款增长了 157 倍，农村邮政储蓄存款增长了 78.64 倍。而全国城乡储蓄存款 2000 年比 1979 年增长了 228 倍。

（2）从农村金融机构储蓄存款结构来看，信用社占比基本呈逐年下降趋势，从 1979 年的 79%上升到 1983 年的 83%后，比重逐年下降，2000 年占比为 49%。与此同时，农业银行储蓄存款和邮政储蓄存款的占比则逐年上升，农业银行占比 1979 年仅为 21%，2000 年达 44%。农村邮政储蓄占比则由 1989 年的 1%提高到 2000 年的 7%。

(3) 农村金融机构储蓄占城乡储蓄的比重基本在 40%左右，1979 年为 35%，1986 年为最高值 46%，2000 年为 39%；农村金融机构储蓄存款占全国金融机构存款的比重，1979 年为 6%，1988 年达到 20%，以后各年占比基本保持在这一水平；农村金融机构储蓄占农村存款的比重上升幅度较大，1979 年占比为 33%，1995 年占比最高为 88%，2000 年占比为 72%，这组数据分析充分表明，储蓄资金是农村金融机构存款的主要资金来源，对农村金融机构存款具有十分重要的作用。

(4) 农村信用社储蓄存款占城乡储蓄的比重总体呈下降趋势，1979 年占比为 28%，1983 年达到最高值 36%，此后逐年下降，2000 年为 19%；信用社储蓄占全国金融机构存款比重 1979 年为 5%，1987 年达到最高值 13%，此后缓慢下降，2000 年比重下降为 10%；信用社储蓄存款占农村存款的比重，1979 年为 26%，1983 年达到 45%，此后比重曲线一直较为平缓，至 1995 年达到最高值 47%，但从 1996 年起，则出现明显下降趋势，2000 年比重下降为 36%。

二、农村金融发展质量的实证分析

按照现代金融发展理论，考察金融发展质量的指标很多，但常用的指标主要有金融发展质量指标即金融相关率（FIR）和金融深化程度指标（M_2/GDP）。国内许多学者运用不同的指标，从不同角度考察分析了农村金融发展质量，如张元红（1998）以农村存款（农行存款和信用社存款合计）和农村 GDP 的比值考察了农村金融深化程度，徐笑波等（1994）以农村存款和农村国民收入的比值考察了农村金融深化程度。本节在前人研究的基础上，尝试从总量上进一步考察我国农村金融发展质量，选取的指标有两个：一是农村金融发展质量指标即农村金融相关率（RFIR），二是农村金融深化程度指标（农村 M_2/农村 GDP）。由于计算这两项指标需要获取相应的农村 GNP、GDP 数据和农村金融资产以及农村 M_2 等数据，而目前我国经济、金融统计资料中缺乏此类数据，为此，本节将首先计算中国金融相关率（FIR）和中国金融深化程度指标 M_2/GDP，然后估算中国农村 GNP 和农村 GDP、农村金融资产和农村 M_2，在此基础上测算农村金融相关率和农村金融深化程度指标。

（一）金融发展质量简要实证分析

(1) 金融相关率 FIR 变动情况。这将计算和分析金融资产总量（金融资产包括社会部门对金融机构的债权和金融机构对所有非金融机构的债权的总和，以及居民股票资产等）及其增长率，GNP 总量及其增长率，当年零售物价上涨率，名义金融相关率和实际金融相关率。

（2）金融深化程度指标（M_2/GDP）。这将计算和分析广义货币供应量 M 及其增长率，GDP 总量及其增长率，当年零售物价上涨率，名义 M_2/GDP 和实际 M_2/GDP。1978—2000 年，M_2/GDP 呈明显的上升趋势，1978 年名义 M_2/GDP 为 24.5%，实际 M_2/GDP 为 23.8%；2000 年名义 M_2/GDP 为 150.6%，实际 M_2/GDP 为 152.1%。2000 年实际 M_2/GDP 是 1978 年的 6.4 倍。M_2/GDP 上升较快的主要原因是 M 增长很快，1978 年 M 总量仅为 889.7 亿元，2000 年总量则高达 134 610.3 亿元，是 1978 年总量的 151.3 倍。

（二）农村经济增长变化情况

改革开放以来，我国农村经济总量在国民经济发展中始终占据非常大的比重，农村经济结构也发生了很大变化，其产值增长无论是对农村经济发展还是对整个国民经济均具有十分重要的意义。根据中国社会科学院农村发展研究所专家对农村经济增长占 GDP 的分解计算，1978—2000 年间，中国农村经济增长占 GNP 和 GDP 的比重总体上呈上升趋势，但自 1998 年以来，该比重出现下降趋势。1978 年，农村 GNP、GDP 占比为 34.2%，总量为（1 239.4+1 239.4）亿元；2000 年农村 GNP、GDP 占比为 50.7%，总量为（44 712.1+45 327.6）亿元，2000 年总量是 1978 年总量的 36 倍多。

（三）农村金融资产的增长变动情况

事实上，由于经济、金融统计指标和数据的欠缺，很难确切地计算农村金融资产总量，本书只能根据现有统计资料中农村正规金融机构的债权和债务的总和，估算农村金融资产总量范围。这些金融机构包括中国农业银行、中国农业发展银行、农村信用社、邮政储蓄（农村部分）。需要说明的是，考虑到中国农业银行长期从事农村金融业务，加之很难对统计数据进行分解，因此尽管农业银行的存款和贷款有很大一部分并不是在农村吸收和发放的，本书仍将其所有债权和债务列入农村金融资产总量中计算；同时，由于中国农业发展银行存款和贷款主要对应于粮棉油等大宗农副产品而形成，因此本书也一并计算在内。虽然这样的计算范围并非十分准确，但从总体上看，还是能够比较全面地反映农村金融资产的总量情况。

（四）农村 M_2的估算

农村 M_2是指农村 M_0与农村金融机构各项存款的总和。由于现有统计资料没有按照农村 M_2和城市 M_2分类统计，因此很难准确计算农村 M_2的数值。但根据《中国农业银行史》（伍成基，2000）等文献资料，农村现金流通量约占全国现金流通量 M_0的 70%左右，本书根据全国 M_0按照 60%的比例估算农村 M_0，农村金融机构的存款数据则较为容易获得。

（五）农村金融发展质量指标 RFIR

1978—2000 年间，农村金融相关率呈明显的上升趋势，1979 年名义 RFIR 为 86.6%，实际 RFIR 为 84.6%；2000 年名义 RFIR 为 191%，实际 RFIR 为 192.5%。2000 年实际 RFIR 是 1979 年的 2.3 倍。农村金融相关率上升较快的主要原因是农村金融资产增长快于农村 GDP 的增长速度。但是与金融相关率 FIR 相比，农村金融相关率仍有很大差距。

（六）农村金融深化程度指标（M_2/GDP）

1978—2000 年间，农村 M_2/GDP 呈明显的上升趋势，1978 年农村 M_2/GDP 为 24.7%，2000 年农村 M_2/GDP 为 96%。2000 年农村 M_2/GDP 是 1978 年的 3.9 倍。农村 M_2/GDP 上升较快的主要原因是农村 M_2 增长很快，1978 年，农村 M_2 总量仅为 306 亿元，2000 年则高达 43 509 亿元，是 1978 年的 142 倍。但是，与金融深化程度指标 M_2/GDP 相比，农村金融深化程度仍然较低。

第二节　农村金融渠道外流问题分析

一、农村资金流向的总体考察

从广义的概念来看，农村资金包括货币资金和实物资金；从农村资金流向来看，既有资金的流入，又有资金的流出；从农村资金的供求主体来看，既包括农户、农村中小企业等，又包括农村金融机构和农村政府机构等。但总体而言，随着农村商品经济和市场经济的发展以及城乡经济的融合，农村和城市间的资金流动十分频繁，事实上很难对农村资金进行明确的定义，也很难对农村资金的范围和总量进行准确的界定和计算。

马忠富（2000）研究认为，农村资金的流向主要是农户、乡村企业、城市工商业。农村资金的来源主要是农村居民、农村经济组织和在农村的企业暂时闲置不用的货币资金，学校等事业单位来源于财政的集中拨付、分期使用的资金临时闲置以及中央银行对农村金融机构的再贷款等。目前，尽管传统的民间借贷中的直接融资比重较大，但真正意义上的直接融资起步时间不长，间接融资仍然是主要方式。就直接融资而言，农村资金主要流向农户和农村中小企业，解决农户的生活和生产资金需要，解决企业的生产资金需要。间接融资中的资金流向则较为复杂，按照目前的金融机构布局，在农村地区吸收资金的正规金融机构主要有中国农业银行、中国工商银行等国有商业银行、农村信用社和邮政储蓄机构网点。除中国农业银行外，其他几家国有商业银行很少在农村地区发放贷款，农业银行在农村的资金投放也呈逐步减少趋势。邮政储蓄机构的性质决定了它只吸收存款，不发放贷款，导致了农村资金城市化。

农村信用社基本保证了资金在农村内部的循环。农村民间金融部门吸收的资金，主要提供给农民个人和农村私营经济部门，也属于农村内部的循环。从新中国成立以来实行的经济体制看，农村资金流向城市，农业支持工业发展，是政策导向的作用，也是工业化发展初期的客观需要，一味指责农村资金外流是不客观的。

中国社会科学院农村发展研究所和国家统计局农村社会经济调查总队所著的历年《农村经济绿皮书》主要从金融渠道和财政渠道分析农村资金的整体流动情况，如2000年的《农村经济绿皮书》指出，改革开放以来，国家财政预算用于农业的支出一直大于从农业中获取的税收收入，但由于对农村乡镇企业课征的税收远远大于对农业部门的财政净流入，因此对整个农村部门而言，财政资源仍然是净流出的。1994年以来，从农村到城市的财政净流出平均每年为1 020.2亿元，这还没有包括大量来自农村的预算外资金和各种名目繁多的乱收费项目，这些农村预算外收入有一部分实际上流出了农村地区，成为一种准财政性质的非正式渠道的农村资源流出。在金融渠道，由农村向城市的金融资源净流出也十分可观，1994年以来，平均每年金融资源净流出高达568.2亿元。

2000年的《农村经济绿皮书》指出，农村地区的资源净流出可能反映了投资资金从低回报部门向高回报部门的合理转移，也可能是财政金融系统存在扭曲现象所导致的结果，但无论如何，如此巨大的资源从农村部门流出，既表明了农村部门的贡献和重要性，又提示了保持农业和农村部门健康发展的必要性。黄季焜（1999）对农业和农村资金的研究认为，1978—1996年，农业资金通过金融渠道流出农村达7 815亿元。由于缺乏农村民间金融的总体统计数据，因此本章主要考察农村信用社、农村邮政储蓄机构、中国农业银行等农村正规金融机构渠道的资金净流出问题。

二、农民层面的资金净流出分析

研究农民资金通过金融渠道的流动情况，应该全面分析农民资金的流出情况和流入情况，即一方面研究农民在农村信用社、农村邮政储蓄机构、中国农业银行和其他金融机构的存款，另一方面研究农民获得的各类贷款。由于很难准确获得农民在中国农业银行和其他银行中的存款和贷款，因此下文仅仅分析农民在农村信用社和农村邮政储蓄机构的资金净流出情况。

1979—2000年，我国农民通过农村信用社和邮政储蓄机构的资金净流出量高达10 334亿元，其中通过农村信用社的资金净流出量高达8 722亿元，通过邮政储蓄机构净流出1 612亿元。这组数据充分说明，从总量上看，我国农民为农业和农村经济以及国民经济发展提供了巨额储蓄存款资金，而农民获得的贷款量则要少得多。对于农民存款大于贷款这一现象，应该作全面的分析，不能简单地判定其合理或者不合理。总体上看，一是应该分析农民贷款需求是否得到满足，若在农民贷款需求得到满足的情况下，资金净流出应该是合理的。但从近年来各种理论研究和实证分析结果来看，这种资金净流出是在农民贷款需求远未得到满足的情况下发生的，其必然突出反映为农民“贷款难”问题，因而在很大程度上是不合理的。二是应该分析农民层面资金净流出的主要去向，如果净流出的资金能够主要用于乡镇企业等农村部门，则从地理经济概念上看是支援了农村经济发展。此外，还应该分析资金净流出的效益大小。

三、农村层面的资金净流出分析

如前所述，此处也仅通过研究农村信用社和农村邮政储蓄机构存贷款情况，分析农村资金净流出问题。

通过农村信用社和邮政储蓄机构存款和贷款，测算出1979—2000年农村资金净流出的总量为6 131.2亿元，其中通过农村信用社净流出4 519.2亿元、占比为74%，通过邮政储蓄机构净流出1 612亿元、占比26%。这表明，农村信用社和农村邮政储蓄机构是我国农村资金净流出的重要渠道。同时，与上文关于农民层面的资金净流出总量相比，我国农民资金净流出10 334亿元中，有4 202.8亿元留在了农村，其主要通过农村信用社用于农村中小企业贷款，应该说，这一流向有其合理性，因为农民储蓄存款的多少取决于农民货币收入，而农民货币收入中有很大一部分来自农村中小企业。总体来看，在6 131.2亿元净流出资金中，农村信用社净流出资金中有一部分以存款准备金、转存银行款的形式流向中央银行（1996年以前流向中国农业银行），还有相当部分的农村资金被农村信用社通过购买国债和金融债等方式大量转移。而农村邮政储蓄机构则以只存不贷的形式直接造成农村资金的净流出，成为农村资金净流出的一个重要渠道。农村邮政储蓄机构储蓄存款增长迅速的主要原因在于其具有利率优势、网络优势、机构优势、信誉优势，同时一些地方人民银行分支机构监管出现盲区也是原因之一。

综上所述，支撑我国农业和农村经济发展的重要资金力量是我国农民的储蓄资金，但农村信用社和农村邮政储蓄机构成为我国农村资金外流的重要渠道。1978—2000年，在农村资金需求缺口巨大、农民贷款远未得到满足的情况下，农民储蓄通过农村信用社渠道净流出8 722亿元，其中48.2%的资金被农村信用社用于发放农村中小企业贷款和其他形式的贷款，近52%的资金通过各种渠道流出农村，其在现实中必然集中体现为农民“贷款难”问题和农村资金短缺问题。而农村邮政储蓄机构则以只存不贷的形式直接造成1 612亿元农村资金的净流出（不仅数额巨大，而且其增长势头迅猛），成为农村资金净流出的一个重要渠道，进一步加剧了农村资金要素的稀缺程度。

四、县域资金外流问题及其对农村经济的不良影响

近年来，随着国有商业银行改革的深入，国有商业银行在降低不良资产率和防范金融风险的同时，因其采取了逐步撤并分支机构、上收信贷管理权限等改革措施，事实上造成了县域金融的萎缩，导致县域资金的巨额外流。其突出表现为一方面县域银行存款增加，资金实力增强，而另一方面县域经济实际生产部门普遍出现难以从正规金融机构获得资金的问题。县域金融领域普遍存在的“高存差”问题，是中央银行货币传导机制、商业银行信贷管理制度和当前社会信用制度综合作用的产物。县域金融萎缩必然导致县域经济的融资需求无法得到满足，民间金融成为现实融资需求中的客观产物，同时还可能由于巨额银行信贷资源得不到合理配置，从总体上使整个国民经济的经济效率降低，造成经济增长的滞缓。具体到农村来说，一方面将造成农村资金的进一步外流，从而使我国农业和农村经济结构调整受到严重的资金制约；另一方面还可能成为导致农民负担加重、实际收入水平难以提高、影响农村市场开拓、国内有效需求难以扩大等一系列问题的重要原因，从而对县域经济和农村经济发展造成较大的不良影响。

从存款方面来看，近年来，县域资金出现了由基层银行分支机构向上级银行机构集中，由农村信用社等合作金融机构向国有商业银行转移的现象，直接减少了支持县域经济结构调整的资金来源。例如，中国人民银行上饶市中心支行课题组（2002）的调查结果表明，国有商业银行县支行吸收的存款通过上存二级准备金的形式集中到了市级分行，然后也以同样的形式上存到省分行、总行。上存资金对县支行来说无风险，且利率较高，收益稳定。同时，农村信用社在存款上升、存贷款增幅不同比、法定准备金利率下调、新增亏损额变化不大以及人民银行再贷款资金注入增加的情况下，拆出资金比例明显增高。在查处信贷资金违规进入股市之前，其拆出对象从风险和收益率两方面考虑既有国有商业银行也有证券机构，之后拆出对象基本上是国有商业银行。信用社把资金拆给国有商业银行是权衡风险与效益折中考虑，而国有商业银行拆入资金是由于有较高的上存资金利率保障在有利可图的前提下达成协议的。戴根有（2001）指出，邮政储蓄存款75%来自县及县以下，其中直接来自农村地区的占34%，显然，邮政储蓄是县域资金和农村资金流出的重要渠道。邮政储蓄实际也是在县级“抽血”，虽然它是在当地人民银行开户，但资金还得一级一级往上划，即使把人民银行对农村信用社的再贷款看作是邮政储蓄的转化，那也只是转化了一部分，因为全国从县一级吸收的邮政储蓄存款远比再贷款金额大得多。段有志（2001）指出，目前邮政储蓄存款名义利率为4.600 8%，且

按季结息，按复利计算，实际利率高达4.680 8%，与一年期存款利率2.25%相比，高出2.43个百分点。

巨大的利差诱使邮政储蓄采取不正当手段乱拉存款，储蓄存款向邮政储蓄部门加速转移（目前邮政和邮政储蓄各项费用混合列支，给人民银行的监管造成一定的困难，致使违规吸储现象时有发生）。据统计，2000年泰安市邮政储蓄存款余额达18.75亿元（县以下邮政储蓄存款余额达11.53亿元），比年初增加4.72亿元，增长33.64%，高于全市储蓄存款21.88个百分点，据测算，每年大约有3亿元的资金流出农村。李英民（2001）指出，面对具有利率优势、网络优势、机构优势、信誉优势及对其监管出现盲区的邮政储蓄，农村信用社与其争夺农村储蓄存款的能力明显薄弱，农村资金分流进一步加剧。据对聊城市的调查，到2000年年末，全市邮政储蓄存款余额已达到270 658万元，较年初净增加70 498万元，占全市储蓄存款总增量的37.56%，较1997年提高27.23个百分点；从其存款的结构看，县以下存款153 166万元，占邮政储蓄存款总额的57%；邮政新增存款60%来源于县以下，30%来自县级城镇，直接从农村挖走了一块资金，削弱了农村信用社支持农村经济发展的能力。虽然人民银行通过发放支农再贷款的形式，对农村信用社在资金上给予了支持，但支农再贷款投放量和农村资金的流失量相差悬殊，2000年聊城县（市）以下邮政储蓄净增6亿元，而同期支农再贷款仅为2.1亿元，占邮政储蓄同期分流量的1/3，占县以下邮政储蓄存款的13.71%，无法满足农村日益扩大的资金需求。

在贷款方面，较为普遍的突出表现是县域贷款在总量上徘徊不前，在增量上甚至出现萎缩。中国人民银行上饶市中心支行课题组（2002）的调查结果表明：1997—2000年占GDP 90.61%、89.54%、85.2%、85.35%的县域经济得到的贷款支持为83.46%、80.6%、80.11%和79.03%，反之占GDP相对较小的中心城市得到的贷款支持更大，即中心城市贷款与GDP的比例要高于县（市）。中心城市贷款总额呈增长趋势，县域则呈徘徊甚至下降态势。

商业银行的贷款增量投向，中心城市有一定的力度，县域则呈现萎缩。中国人民银行福州中心支行课题组（2001）据对历年福州金融机构的统计资料分析发现，从1997年以来，福州金融存贷款始终体现存差，且存贷比有逐渐缩小势头，其中四家商业银行县级行存差情况尤为突出，存贷比多在60%以下，低者甚至不足30%。福州市区金融存贷差相对较小，所辖县（市）相对较大；75%左右的存款和83%以上的贷款都集中在福州市区，而占据福州地区国内生产总值（GDP）53%以上的8个辖内县（市），存款和贷款所占份额不足三成和两成，金融与经济呈现不对称发展态势，而以民间借贷为主要形式的资金体外循环和信贷投入的减少现象，成为影响当地经济增长和金融发展的重要原因。

导致目前县域银行机构高存差、县域金融严重萎缩的主要原因具体可以归结为货币传导机制梗阻、以信贷权力上收为主要特征的银行改革和社会信用制度恶化等方面。近年来，四大国有商业银行加强了内部管理力度，实行集中制、集权制的信贷管理体制后，主要信贷审批权限集中到一、二级分行。四家国有商业银行基层分支机构一般只在严格限制的规模内审批和发放消费性贷款、存单抵押贷款等，同时由于信贷员管理上激励与惩罚机制不对等，信贷员慑于“贷款第一责任人”乃至“贷款终身责任制”，往往能不贷就不贷，加之银行系统内上存资金利差非常可观，基层分支机构就主要将存差资金上存上级行以获取利差，由此各地普遍出现了较为严重的“慎贷”和“惜贷”现象，县域信贷投入力度明显不足，基层行对当地经济信贷支持功能日渐退化，基层分支机构仅仅成为上级行的超级“储蓄所”和县域资金的“抽水机”，而所谓的“虹吸效应”“树根效应”等即是最为形象直观的比喻。县域银行金融机构高存差、金融萎缩必然导致县域资金缺口，使县域中小企业等经济实体融资需求无法得到满足，同时必然形成制度供给缺口，由于正规金融供给不足，必然导致民间金融出现并扭曲运行。

县域层次金融萎缩和严重的资金外流问题，虽然不完全直接体现为农村资金外流问题，但结果必然是间接造成县以下农村资金外流，加剧县以下农村资金的稀缺度。这会产生以下不良影响：

（1）其必然使县域资金日趋紧张，在地方财政普遍困难的情况下，将使县域本来可用于农村发展的资金减少，更为严重的是将造成县以下农村资金被通过各种形式抽到县级，从而进一步加剧县以下农村资金紧缺。

（2）其必然导致农民负担问题更加严重。近年来，学术界对农民负担问题的成因分析，主要集中在对现行财税体制和行政体制方面，较少考察金融方面的原因。本书认为，信贷萎缩必然使县域资金紧缺，而县域经济发展的许多目标的实现就成为问题，其结果只能是两种情况，一种是取消一些投资计划，减少发展计划目标，一种是想尽办法使这些发展目标能够实现。事实上，我国地方政府出于地方建设和经济发展以及上级压力等种种原因，必然要努力达到这些目标，这就必然要在县域内部寻求资金（县域外部的资金注入比较难，一是财政资金注入比较有限，二是金融渠道本身紧缩）。除了通过县域当地中小企业（必然要包括农村中小企业，这也必然加重农村中小企业的负担）等渠道寻求外，一个重要的渠道就是向农民伸手要资金，在目前农民利益缺乏保障、农民仍属弱势群体的情况下，县级政府部门会通过各种形式从农民手中获取资金，这就必然加重农民负担，从而使得农民负担问题越来越严重。因此，研究农民负担问题，必须关注和解决金融渠道的农村资金外流特别是县域金融萎缩问题，要研究究竟如何确保农村资金不外流，解决农民贷款难的问题，解决农村中小企业融资难的问题，同时还要研究解决县域金融萎缩的问题。在制定有关减轻农民负担的宏观政策时，不能仅考虑财税政策，必须同时考虑金融政策。

（3）农村资金要素的日益稀缺，必然使农村资金需求主体融资成本上升，导致农村实体经济发展受阻，农户和农村中小企业均将因资金紧缺不愿投资于生产，不愿采用新技术改造传统农业、提升产业级次，这必然使农业和农村经济结构调整受到严重影响，导致农村资金的再生功能进一步弱化，同时必然最终表现为农民收入和农村中小企业产值水平很难提高，从而使增加农村消费、开拓农村市场、扩大内需等宏观经济政策目标因农民收入增加困难、农民购买力低下而难以真正实现。

（4）正规金融供给不足，必然使农村民间金融甚至高利贷问题出现。

（5）县域和农村资金外流的严重问题，如果拖延下去，则必然使农村经济发展因过度“贫血”而滞缓，出现发展链条上的断档。如果失去补救的良好时机，则以后的恢复性补救必然要付出更大的成本。

（6）对农村金融机构而言，农村资金要素日益紧缺，更为直接的结果是，农村可用于储蓄的资金必然进一步减少，农村金融机构的日常支付和生存必然成为问题。更为严重的是，如果农村信用社出现严重支付危机，必然造成挤兑风波，形成较大范围的金融风险，严重扰乱社会经济政治秩序。目前许多信用社出现支付问题的原因就在于此，而靠中央银行的再贷款救助，毕竟不是长久之计。

总之，在现有情况下，如果不尽快改变现有县域和农村资金外流格局，不从宏观和微观制度上解决农村资金外流问题，必然使农村资金要素紧缺化，农村经济、县域经济乃至整个国民经济发展滞缓。

第三节　农村金融风险问题分析

一、金融风险基本理论简要回顾

（一）风险、不确定性与经济风险、金融风险

根据《新帕尔格雷夫经济学大辞典》，风险现象或者说不确定性或不完全信息现象，在经济生活中无处不在。风险或者不确定性是自然现象，也是一个社会和经济现象。按照所考虑的“世界状态”（即究竟是什么因素导致一项决策的不确定结果）是哪一方面，可把经济学中的风险（不确定性）分为外生风

险和内生风险。前者不是由经济系统本身所决定；后者与经济系统本身的运行有关，是内生的，它来源于经济行为者的决策。同时，外生风险和内生风险可以相互作用。随着人类活动范围的扩大和人类活动的社会化，相对于自然界的风险而言，来自社会活动和经济生活中的风险在逐步增大。现代市场经济本身就是一种风险经济，特别是在经济全球化的现代社会，经济风险更是成为各国乃至全球经济发展的最主要风险之一。而金融风险则是经济风险中最为复杂、危害最为严重的风险形式，金融风险的最严重表现是金融危机。从一个国家来看，根据风险涉及的范围和严重程度，可将一国国内金融风险分为个体性金融风险、区域性金融风险和全国（系统）性金融风险，三者都是指金融活动领域内发生了支付问题。个体性金融风险指某个金融营业机构或单项金融活动发生了以支付困难为特征的危机。区域性金融风险指在某个特定区域内由于某些金融机构的分支机构或金融活动发生了以支付困难为特征的危机，并由此可能会波及该区域内的其他金融营业机构或金融活动，最终形成区域性的金融事件或风波。全国（系统）性金融风险是指地域覆盖面大、危害程度很深、往往会形成较大范围甚至全国性的支付危机，其可能会发生在较大范围甚至全国范围内的某个金融业子系统或所有的金融业，对全国金融、经济活动甚至社会安定和国家安全造成严重冲击。三者之间往往呈现出梯度递增的关系。从全球范围来看，一国国内严重的金融风险很可能导致该国周边地区的金融危机（如亚洲金融危机），在金融全球化的今天，地区性金融危机会直接影响整个国际金融业的稳定，有可能引发全球性的金融危机。

（二）金融风险基本理论

（1）金融体系内在脆弱性假说。金融风险普遍存在于市场经济环境中，有的因金融市场交易者的不正当及违规违法行为引起，但更多是由金融市场机制的自身问题而引起，现代金融体系具有内在脆弱性或不稳定性。明斯基以经济繁荣与萧条长波理论为基础，最先对金融体系内在脆弱性问题做了系统阐述。他提出，私人信用创造机构特别是商业银行和其他相关的贷款人的内在特性，使得他们经历周期性危机和破产浪潮时，金融中介的困境被传递到经济的各个组成部分，导致宏观经济的动荡和危机。随着经济的繁荣，个人和家庭及生产部门的债务对收入的比例都越来越高，不动产和资本市场上股票的价格持续上涨，当经济发展到某个极限后必然迎来滑坡，任何阻碍信贷资金流入生产部门的事件都可能引起普遍的违约和破产问题，而这又将进一步对金融体系的稳定产生消极影响。由于金融机构破产就像传染病一样迅速地传播，随着金融资产价格泡沫的迅速破灭，金融危机就爆发了。金德尔伯格也从周期性角度解释了金融体系风险的孕育和发展过程，他和明斯基均被认为是对金融风险做出“周期性”解释的学者。

（2）金融机构内在脆弱性理论。信息经济学的发展深刻地揭示了金融中介机构在金融环境变化中的脆弱性。世界上不少金融危机的爆发都起因于某些金融机构的倒闭，而局部的金融市场波动往往又因金融机构在金融动荡中的脆弱性而演变为全面的金融危机。金融机构的内在脆弱性及其积累将导致金融风险的发生。

（3）信息不对称、道德风险、逆向选择与金融风险。信息经济学理论认为，由于“经济人”和“有限理性”，交易双方对信息量的占有程度是不同的，人们对自身相关的信息占有量总是多于他人，即信息不对称。信息不对称包括两个方面：一是有关交易的信息在交易双方之间的分布是不均衡的。二是交易双方对各自的信息优势是心知肚明的，而处于信息劣势的一方总是想获取更多的信息。根据信息经济学理论，不对称信息在交易发生前后分别会导致逆向选择和道德风险。由于信息不对称，一方占有信息优势，另一方处于信息劣势，这时信息优势的一方就会利用其优势为自己谋福利，产生机会主义的动机，使价格机制失灵。如果这种机会主义发生在市场交易的事前，就被称之为逆向选择；如果这种机会主义发生在市场交易的事后，就被称之为道德风险。在金融交易中，交易双方的信息不对称是一个普遍的现象，金融领域中的逆向选择和道德风险是金融中介机构内在脆弱性的主要根源，也是引发金融风险的重要因素。逆向选择和道德风险往往直接加重金融中介的脆弱性。在借贷市场上，借款人比贷款人对其投资项目的风险性拥有更多的信息，而储蓄者作为最终债权人，对信贷用途更是缺乏了解，由此必然产生信贷市场上的逆向选择和道德风险。假定不存在金融中介，由借款人和储蓄者直接进行交易，道德风险和逆向选择就会变得非常严重，信贷市场因此将萎缩乃至完全消失。金融中介机构能够在一定程度上解决信息不对称问题，从而减少导致道德风险和逆向选择的根源。当作为最终贷款人的储蓄者将资金汇集到某一金融中介时，储蓄者事实上是在委托一个代理人区别性地对待不同借款人，并根据不同借款人的相对风险大小来实施贷款定价，从而减少逆向选择；同时，金融中介机构能够比零散的储蓄者更为有力地监督和影响借款人的贷后行为，这样就可以降低道德风险。商业银行是在信贷市场上发挥上述职能的最重要的金融中介机构，然而，商业银行要发挥其积极作用，必然要受到两个前提条件的制约和影响。第一个条件是，储蓄者对银行乃至整个银行体系的信心，只有众多零散的储蓄者不同时提款，商业银行才能把其对零散储户的负债转化为对借款人的债权；第二个条件是，商业银行对借款人的筛选和监督必须是高效率的，并且是无成本或至少是低成本的。但由于市场中普遍存在信息不对称问题，上述两个条件事实上很难完全成立，由此便不可避免地产生了商业银行的内在脆弱性问题。

（4）挤兑行为、囚徒困境与金融机构的内在脆弱性。在信贷市场中，如果上述关于商业银行的第一个前提条件（储蓄者对银行有信心）不能成立，就会出现对商业银行乃至整个银行体系的挤兑甚至挤兑风潮。通过不完全信息理论和博弈理论，人们能够清晰地刻画挤兑现象背后的微观行为机制。正是由于第一个条件不可能完全成立，可以说自从银行业产生以来，挤兑问题就一直相伴而存。一般情况下，大数法则保证储蓄者不会同时提款，众多零散的储蓄者均随机地提取款项；只要有稳定的存款基础，商业银行一般都持有储蓄者的资金至款项到期日，在保持足够流动性资产以应付日常提款的基础上，商业银行为了追求赢利，必然将其余资金投资于非流动性、具有较高收益的资产和领域，一般来说商业银行的经营地位是稳定的。但如果某个商业银行乃至整个银行业发生了意外事件，则将使储蓄者加快对存款的提现速度，为了减少损失，每个储户的必然选择就是尽快提现、加入挤兑行列，因为储蓄者知道挤兑的结果必然是商业银行为了满足储蓄者提款而被迫提前出售其流动性低的资产，从而招致商业银行出现经营亏损。此时，即使储蓄者相信某家商业银行仍可稳健运营，即使所有储蓄者都能够认识到如果他们停止挤兑就会更有利于保护整体利益，但挤兑行为仍然会继续发生。之所以会出现这种情况，主要是因为储蓄者将面临个体理性行为和集体非理性行为的冲突即“囚徒困境”。此时商业银行的存款价值取决于“多重均衡”：在向“好”的均衡条件下，银行存款的价值等于其面值，而在向“坏”的均衡条件下商业银行存款可能一钱不值，如果“好”的均衡被打破，挤兑就在所难免。若所有储蓄者能够达成有约束力的共谋，减缓从商业银行提款的速度，则商业银行就可以一直将流动性低的资产持有到其到期日变现并取得更多的收益，这样也将会提高商业银行和储蓄者的共同利益。但如上所述，正是由于所有储蓄者并不可能达成共谋，因此储蓄者的个体理性行为就是趁着商业银行还有支付能力时抢先提到款项。所以，在现实生活中，储蓄者对商业银行的挤兑具有爆发性发生的巨大可能，商业银行对挤兑的脆弱性具有深刻的根源。对金融市场上的金融中介机构来说，商业银行面临的挤兑困境最为显著和严重，其他类型的金融中介机构也不同程度地面临着挤兑困境，这表明金融中介机构是非常脆弱的。从各国金融制度来看，为了尽可能减少挤兑现象的发生，相当多的国家通过强制建立存款保险制度，但事实上，存款保险并不可能将所有金融机构均纳入在内，同时存款保险又将导致新问题的发生，例如其有可能使信贷市场上的逆向选择问题更为严重化，并形成新的道德风险。

（5）金融资产质量趋降性、委托代理理论与金融机构的内在脆弱性。如上所述，由于第一个前提条件不可能完全成立，储蓄者对商业银行的挤兑行为可能致使商业银行乃至整个银行业陷入瘫痪，而引发挤兑的根源往往是因为商业银行等金融机构的资产质量恶化。在现实中，由于信息不对称，上述第二个前提条件也不能完全成立，商业银行难以有效地筛选和监督借款人，商业银行在信贷资金分配过程中成本往往很高，这就使商业银行等金融机构资产质量趋于恶化。信息经济学将在交易中拥有信息优势的一方（知情者）称为代理人，将不具备信息优势的一方（不知情者）称为委托人，在委托—代理分析框架下，可以将商业银行借贷关系中的借款者称为代理人，将贷款者称为委托人。假定商业银行等金融机构能够无成本或低成本、高效率地筛选和监督借款人，商业银行等金融机构就可以有效地分配信贷资金并确保资产质量。但在现实中，由于存在信息不对称，商业银行等金融机构对借款人的筛选和监督将出现失误，从而使商业银行等金融机构的资产质量趋于恶化。一般情况下，商业银行对借款人投资项目的风险和收益以及贷款的用途等信息的了解肯定要少于借款人，加之要受到成本控制和信贷人员素质经验所限等因素的制约，商业银行为了随时跟踪和掌握借款人贷款使用情况等信息，必然要花费大量人力和费用并由此导致很高的经营管理成本。特别是在经营繁荣时收益丰厚而在景气消失时风险激增的不动产贷款等特殊项目上，最易使商业银行陷入经营困境，这就需要商业银行等金融机构估计灾难性事件的发生概率，但实际情况是，很难对此做出准确、有价值的概率判断。

运用委托-代理理论，可以揭示导致金融资产质量恶化的制度性原因。首先，在现代金融实践中，商业银行等金融机构往往认为金融机构的灾难并不可怕，因为灾难越严重，政府越有可能采取援救行动，商业银行等金融机构在信贷膨胀时期不确定性下的理性选择就必然是“从众行为”。因为，政府可能对某个出现经营困境的商业银行听之任之、不予拯救，但如果所有金融机构都陷入困境，政府就不得不进行拯救。同时，为了保持已有的市场占有率，商业银行等金融机构之间同业竞争的巨大压力也迫使它们可能继续其错误决策。其次，由于商业银行等金融机构的管理者在经营业绩上获得的奖励和受到的处罚往往存在不对称性，可能导致有关金融资产质量的突然恶化。对商业银行等金融机构的管理者来说，若某种风险性决策一旦成功，其将获得极大的奖励；即使失败，最坏的结果大不了就是暂时失业。因此商业银行等金融机构管理者的理性选择往往总是倾向于作一些风险较高、但同时对金融机构和决策者都可能是高收益的信贷决策。再次，尽管商业银行等金融机构比众多零散的储蓄者监督借款人更有优势，但要做到完全的事后监督却是不可能的，商业银行等金融机构对借款人的监督相当有限，这就不能彻底解决信贷市场上的不确定性问题。最后，在发展中国家，政府往往奉行不同于发达国家的“积极的不干预”政策，更倾向于对金融实施直接调控，政府往往代替市场要求商业银行等金融机构从事特定的金融资产微观配置活动，从而最终导致政府在金融系统中“寻租”，进一步导致商业银行等金融机构的资产质量更加恶化。因此，尽管商业银行等金融中介机构有助于解决逆向选择和道德风险，但这种机制本身也存在着缺陷，金融风险往往因为储蓄者的信心以及商业银行资产选择中的内在问题而不断产生和积累，并最终可能因逆向选择和道德风险而变得太严重以至于金融市场不能够有效地将资源配置到那些拥有最高生产率的投资项目上而导致金融市场崩溃，引发严重的金融危机。

(6) 金融市场上的脆弱性——金融资产价格波动及金融资产风险传染理论。在金融市场上，资产价格的不恰当波动或过度波动都可能导致金融体系风险的累积。几乎所有的金融风险都与金融资产价格的过度波动相关，而且股票、汇率等金融资产价格的崩溃也是金融危机的重要衡量标志。一般来讲，造成金融资产价格具有较强的波动性的原因与信息不完全有关。鉴于本书研究农村金融发展问题，而目前农村金融总体受股票市场和外汇市场的影响并不很大，因此不再具体阐述这两方面的内容。由于金融机构之间存在密切而复杂的债权债务联系，金融市场上主要金融资产价格的波动不是独立的，而是具有很强的关联度，因此金融资产风险具有很强的传染性。金融资产风险传染的原因主要有：第一，信息不对称使债权人不良预期严重程度加剧。信息不对称使债权人不能像对其他产业那样根据公开信息来判断某个金融机构的清偿能力，因此债权人很可能将某一个金融机构的困难视为其他业务类似的所有金融机构发生困难的信号，从而加剧了不良预期，引发对其他金融机构的挤兑。第二，银行间支付清算系统“多米诺骨牌效应”问题非常严重。银行同业支付清算系统把所有的银行联系在一起，从而造成了相互交织的债权债务网络，这就要求金融机构不得出现流动性不足问题，也不允许其在股市或汇市的资产出现贬损，因为基于营业日结束时的多边差额支付清算系统使得任何微小的支付困难都可能酿成全面的流动性危机。曾有模拟试验表明，若一家参与银行出现暂时丧失支付能力的问题，将会引起“多米诺骨牌效应”的连锁反应，最终导致其他近一半参与银行出现无力支付的情况。第三，金融机构破产倒闭具有递增性的影响和扩散的乘数效应。普通企业破产也会通过乘数效应而扩展，但每一轮的次级效应都是递减的。与之不同，由于金融体系内各金融机构之间均以信用链维系，若其中一家金融机构发生困难或破产，就必然会影响到存款人、其他金融机构和借款人（因为这将使借款人不得不提前偿还贷款或者得不到本来预料中的追加贷款），其负面影响会逐渐增强，少数金融体系的风险就变得越来越大，从而会爆发金融危机。第四，金融创新和资本流动的国际化加重了金融资产风险的传染性。在金融创新过程中，金融机构之间的债权债务链条日趋复杂化，必然使近似天文数字的金融交易规模支付清算体系更为脆弱。一旦某个国家的金融系统出现普遍不良预期，则国际金融机构面对完全不确定信息的唯一理性选择就是更谨慎地从事与该国有关的金融活动，其结果必然是该国金融资产风险将因急剧紧缩的国际金融环境而全面上升。同时，资本流动的国际化使得某个国家或地区的金融风暴迅速、剧烈地向全世界传播，并由此使单个国家或地区的金融资产风险演化为多个国家和地区乃至全球性的金融危机。金融风险或金融脆弱，仅仅表明金融已经具有不稳定性，但其并不等于金融危机，由金融脆弱到金融危机还有个演化过程，金融风险积累到一定程度才会发生金融危机。金融危机意味着相当一部分金融机构的负债超过其资产的市场价值，导致挤兑和资产构成的其他转换以及一些金融机构倒闭、政府出面干预和拯救的结局。在金融全球化的今天，金融全球化本身就是全球金融活动和风险发生机制联系日益紧密的一个过程。金融风险向金融危机的转化速度加快了，金融脆弱向金融危机演变的速度和频率也加快了，这个问题已日益引起世界各国的高度重视。最为重要的是，随着私人资本及机构投资者的崛起，以及各国市场的开放，来自国际资本的冲击经常发生，一个经济体受到冲击特别是投机性冲击的可能性日益增大。货币往往成为国际投机者的攻击目标。在投机者的攻击下，一国货币急剧贬值，导致外汇市场开始排斥以致拒绝这种货币，该货币也就因此处于危机之中，货币危机也就成为 1990 年代以来金融危机的先导。例如，1992 年的欧洲货币体系危机，1995 年的墨西哥金融危机和 1997 年的亚洲金融危机都始于典型的货币危机。

二、金融风险的主要表现及其成因总体分析

如上所述，金融业是高风险行业。金融风险突发性强、涉及面广、危害性大，往往危及金融、经济、社会甚至政治稳定。1993 年以来我国确定了一系列金融改革和整顿的方针和政策，通过改革、整顿、重组合并、收购、注入资本金、债转股、成立金融资产管理公司、撤销（关闭）、破产等一系列措施，防范和化解金融企业风险，较好地防止了金融风险的蔓延。但同时应看到，我国金融风险是经多年累积起来的，是国民经济深层次矛盾的综合反映，有其复杂的成因，防范和化解金融风险任务仍十分艰巨且具有长期性。

（一）我国金融风险的表现形式

当前，我国金融风险主要表现在：

（1）金融企业特别是国有商业银行资产质量差，不良资产尤其是不良贷款比例高，各类非金融企业拖欠的利息不断增加，潜在的信用风险较大。

（2）一些中小存款类金融企业和非银行金融企业因历史原因，遗留问题较多，少数金融企业资本金严重不足、资不抵债，已不能按期支付到期债务，流动性风险较大。

（3）金融“三乱”（有些地方和部门擅自设立非法金融机构，一些单位和个人非法从事或变相从事金融业务，名目繁多的非法集资活动）问题还相当严

重，潜伏着支付危机。

(4) 资本市场运作不够规范，股票、期货市场存在大量违法违规行为，尤其是部分上市公司质量不高，也隐藏着很大的金融风险。

(5) 一些金融企业和从业人员弄虚作假、不正当竞争、账外经营等违法违规活动屡禁不止，内外勾结、金融诈骗等金融犯罪活动仍很猖獗，金融大案要案时有发生。

(6) 一些金融企业和非金融企业违规、变相借入外债，或对外债进行担保，导致很大的外债支付风险（戴相龙，2001)。

（二）我国金融风险的成因分析

(1) 受我国经济体制转型的影响，银行特别是四大国有商业银行承担了经济体制改革的成本。在计划经济体制向社会主义市场经济体制转轨进程中，原有生产流通体制和经济结构出现了重大的变化和调整，国有企业通过重组、兼并、上市等多种形式进行改革，这些变化和调整使大批物资供销和商业批发企业、大量县办工业企业、部分国有大型工业企业破产，由此不可避免地造成银行贷款损失。经济结构不合理，效益低下，经济建设中盲目上项目、铺摊子，全国一度出现房地产热、开发区热，这些均造成了大量不良信贷资产，其中相当部分已经因成为呆账、坏账而无法收回，其损失都直接体现在银行特别是四大国有商业银行的现有资产中。长期以来，国有企业不能获得国家增拨的资本，高负债运营，平均资产负债率超过75%，自有资金严重不足，有些行业甚至没有资本金，而自我积累增加资本的能力又很弱，因此国有企业生产经营和扩大再生产所需的资金投入主要依靠银行特别是四大国有商业银行贷款，国有企业经营遇到困难或发生亏损，必然造成银行不良贷款的大量增加，使风险明显集中于银行特别是四大国有商业银行。对一些经营困难的企业，商业银行也不能通过削减债务而进行重组，致使一些不良贷款难以收回。此外，由于社会信用制度不健全，一些地方或企业借转制重组之机，采取各种方式违规逃废银行债务，尤其是在企业破产关闭中，银行很难依法享受到应有的清偿权利。

(2) 我国四大国有商业银行作为国家专业银行，“官办”色彩浓厚，向现代商业银行转换步履缓慢。长期以来国有独资商业银行实行“事业单位、企业化管理”，这些银行通过吸收居民存款发放的贷款往往被视为是国家贷款，用于财政性和政策性支出，许多信贷资金用于非商业性经营，大量银行资金因不能到期收回而成为不良贷款。同时，商业银行法人治理结构不完善，长期沿用行政机关的管理体制，管理层次多，管理松弛，内控薄弱，对各种风险缺乏有效控制机制，经营责任不落实，缺乏自我约束机制，违法违规经营屡禁不止。加之缺乏内部激励机制，经营管理中的短期行为比较普遍，缺乏追求长期自我发展的内在动力，内部权、责、利不对称，“大锅饭”问题严重。

(3) 我国银行特别是四大国有商业银行缺乏审慎的会计制度，导致不良贷款占比居高不下。从1988年起，我国逐步建立了贷款呆账准备金制度，由于当时分行业按年初贷款余额的1%～2%提取呆账准备金，银行所提准备金严重不足，很难核销实际发生的呆账。时隔10年，从1998年1月1日起，我国银行改按年末贷款余额的1%差额提取呆账准备金，但由于我国商业银行贷款损失与贷款余额的比率长期以来远远超过1%，因此这一规定仍未改变银行呆账准备金长期严重不足的状况，四大国有商业银行的贷款损失因不能及时冲销而逐年累积，日趋严重。由于贷款呆账准备金制度不合理，我国银行特别是四大国有商业银行不仅不能及时冲销新增不良贷款损失，更无力化解长期累积起来的巨额不良贷款存量。同时，我国银行应收未收利息的计提制度规定也不合理，银行利润严重虚增。从1997年起，我国商业银行应收未收利息的核算年限由原来的3年改为2年，2000年1月1日起又将其调整为半年（已基本上接近3个月的国际惯例），按照权责发生制会计制度，由于过去长期积累的大量无法实现的应收利息被计入收益，并由此导致银行虚增赢利、超负荷上缴税收和利润，这反过来又削弱了银行通过赢利冲减呆坏账的能力，进一步增加了银行风险。

(4) 我国金融市场特别是资本市场发展缓慢，银行间接融资始终占主要地位，直接融资比重很低，信用过分集中于银行特别是四大国有商业银行。长期以来，我国企业负债率居高不下，资金周转速度非常缓慢，经营效益状况不佳。由于资本市场发展滞后，在融资压力过分集中于银行特别是四大国有商业银行的情况下，经济社会发展中的许多问题就直接表现为银行风险问题，风险的集中和累积使银行背负着沉重的包袱。

(5) 在建立和完善社会主义市场经济进程中，我国金融法制建设远不能适应金融经济发展的要求，金融法制不健全，明显滞后于金融市场的发展，由此导致一些金融领域的发展缺乏应有的规范和约束，累积了一定的金融风险。此外，我国金融监管工作起步较晚，不能适应金融业迅速发展的需要，监管技术还有待改进和完善，监管队伍整体素质有待提高。

三、农村金融风险及其成因的总体分析

（一）农村金融风险的分类及特征

农村金融风险是指在某一特定的农村地区因某个或某些农村金融机构或农村金融活动主体由于经营失败或违法经营等原因而导致其资金、财产、信誉等方面损失所引起的支付危机和信用危机，进而影响当地农村其他金融机构的支付安全，以致发生农村金融挤兑事件或风潮，造成农村金融支付秩序混乱的可能性。农村金融风险根据涉及的范围不同，也可以分为农村个体性金融风险、区域性金融风险和系统性金融风险。农村个体性金融风险一般是指单个农村金

融营业机构或单个金融活动发生了以支付困难为特征的危机。农村区域性金融风险一般是指在某个特定的农村区域内由于部分机构或某些金融活动发生了以支付困难为特征的危机，从而可能会波及该区域内的其他金融营业机构或金融活动，形成区域性的金融事件或风波。农村系统性金融风险是指在地域上覆盖面很大，涉及程度很深的风险，往往会形成较大范围甚至全国性的支付危机，其可能会波及较大范围甚至全国范围的所有金融业，并对全国金融业、经济活动甚至社会安定造成很大冲击。曾康霖（2001）指出，近年来在我国一些地区，农村发生金融风波，靠当地政府出面做思想工作，靠中央银行贷款救助，靠商业银行担保，以平息金融风波，是矛盾局部暴露的表现。尽管每年中央银行能够拨几百亿元的资金解决农村金融不稳定的问题，但必须看到，这几百亿元的资金却是拿去“填窟窿”的，有去无回。

总体来看，农村金融风险具有以下特征：

（1）从地域来看，农村金融有以上三个层面的风险形式，且存在依级次递进的关系。即单个农村金融营业机构或单个农村金融活动发生的金融风险，如果处置及时得当，使其没有发展或蔓延，那么对其的定性只能是农村个体性金融风险。只有当某一农村地区或区域内数个金融营业机构同时发生金融风险，或者是农村个体性金融风险由于处置不及时或预警不当，波及了当地其他金融机构，形成局部性甚至区域性挤兑风潮，才是农村区域性金融风险。同理，农村区域性金融风险若不能得到较好控制，则有可能演变成为全国范围内农村地区金融风险甚至可能引发全国性金融风险。

（2）从金融市场风险主体来看，农村金融领域可能存在金融风险的机构具体包括中国农业银行、中国农业发展银行、邮政储蓄机构等国有金融机构在农村中的分支机构，农村信用社、农村合作基金会以及其他民间金融组织等。

（3）农村金融风险的高发部位是农村信用社和农村民间非法金融活动。农村信用社规模相对较小，资本实力较弱，不仅抵御风险的能力较差，而且目前由于经营管理水平低，违规违法经营严重，资产质量普遍较差，在社会上的信誉度也低，所以极易发生金融风险问题。农村民间非法金融活动（如非法集资、农村合作基金会等民间金融组织非法经营金融业务以及地方上非法设立的金融机构等）因其本身往往是违法活动和高风险投机甚至是金融欺诈活动，所以存在极大的金融风险，加之农村居民目前的金融风险意识还普遍不高，受高利率的影响较强，一旦发生风险容易发生挤兑，极易形成农村区域性金融风险甚至引发全国范围内农村地区的金融风险。

（4）从不良资产、经营亏损角度分析农村金融风险，农村金融风险的最终化解者因机构不同而不同，其中，国有银行特别是政策性银行的金融风险最终由中央政府化解，而农村信用社等地方性金融风险主要由地方政府和这些金融机构承担化解，民间金融风险主要由民间金融活动主体承担化解。

（5）农村金融风险的防范、监管与控制和化解由中央金融监管机构、地方政府、地方金融同业公会等共同承担。

（二）当前我国农村金融风险的表现形式及其成因

（1）农村金融机构不良贷款占比较大，部分农村信用社不良贷款上升势头较为严重。目前我国农村金融风险突出表现在以信贷资产质量低下为主要特征的信用风险上，中国农业银行、中国农业发展银行不良贷款占比较大，农村信用社不良贷款的增长趋势在经济欠发达地区和农村乡镇企业集中的地区更加突出，信用风险加剧。随着农村金融机构业务的不断发展和业务创新，新的金融工具被大量推广和运用，增加了金融风险的复杂性和隐蔽性，造成农村金融机构特别是农村信用社不良贷款率不断上升的原因主要有：

①农村金融贷款主体经营状况恶化，严重影响了信贷资金的良性循环。由于长期形成的扭曲信用意识和偿债意识，农村供销社、乡镇企业和国有粮棉收购企业以及部分农户等过度负债，占用了农业银行、农业发展银行和农村信用社贷款以及中国人民银行再贷款，过度负债实际上是把农村乡镇企业等经济主体的风险转嫁给农村金融机构，使农村金融机构的不良贷款大量增加。加之乡镇企业、农村供销社等经济组织在改革转制中随意逃废债务，使农村金融机构的不良贷款进一步上升。由于乡镇企业等农村经济主体的经营行为发生扭曲，其决策失误、盲目投资行为和内部管理混乱以及严重的“内部人控制”问题给农村金融机构贷款造成严重风险，加剧了资产和资金的漏损，最终使农村金融机构成为金融风险的承担者。

②不正当行政干预加剧了农村金融风险。目前农村地方政府对信贷干预的刚性依然较强。长期以来，特别是在近年来农村资金和县域资金严重外流的情况下，县、乡政府部门受政绩的驱使和财政资源硬约束，在上项目、争速度中只能主要依靠农村金融机构，特别是有的农村金融机构已经成了县、乡政府的“钱袋子”，造成信贷资产大量沉淀。在乡镇企业转制中，一些地方政府默许甚至纵容乡镇企业利用各种手段故意逃废农业银行和农村信用社的债务。湖南省祁东县政府1996年年底因税收入库不理想，不顾祁东县农村信用合作联社贷款严重超规模、存贷比例严重超规定的实际情况，强令其向非开户企业祁东卷烟厂发放贷款250万元、恒益水泥有限公司发放贷款30万元用于缴税，当联社三位负责人不同意在贷款借据上签字时，常务副县长和县有关部门的4位负责人竟在贷款借据“审批”栏上签字放贷，行政干预之严重可见一斑。

③农村金融机构尚未形成科学有效的经营管理机制和内控制度是其不良贷款比率上升的主要内部原因。农村金融机构的效益性、安全性、流动性的经营原则和自主经营、自担风险、自负盈亏、自我约束的经营机制尚未真正建立起

来，没有建立起完备的贷款质量监控和风险防范制度，贷款三查和审贷分离等经营管理制度未能严格执行，经营指导思想上重扩张、轻管理，重业务、轻监控，重数量、轻质量，重规模、轻效益的粗放式经营问题依然存在，这是形成农村金融机构不良贷款上升的主要内部原因。同时，农村金融机构普遍存在内部约束机制和监督机制不健全的问题，“内部人控制”问题十分突出，权钱交易、以贷谋私、违规决策、违规发放人情贷款等直接导致农村金融机构的经营损失，人为地形成了一大批不良贷款。

④政策性贷款、信贷资金财政化是形成农村金融机构不良资产的重要原因之一。农业和农村经济弱质性决定了农村金融具有政策性金融特性，农村金融机构中，中国农业银行长期（至今仍部分）承担粮棉油收购、农业综合开发、扶贫等政策性金融业务，中国农业发展银行专司粮棉油收购资金供应与管理业务，农村信用社发放的贷款事实上很大一部分属于政策性救助贷款。因农村金融机构管理不力、财政补贴不能及时到位等种种原因，这些政策性贷款中的相当一部分变成了呆账、死账。同时由于各级政府财力有限，应由财政负担的资金支出，往往只能由农村金融机构信贷填补，加之在农村乡镇企业经营亏损的情况下，乡镇企业用新增贷款弥补亏损、上缴税收，进一步使农村信贷资金财政性漏损问题日益严重化。

（2）部分农村金融机构违规经营，隐藏着巨大的金融风险“黑洞”。农村金融机构违规经营是指中国农业银行、农村信用社等农村金融机构绕过信贷规模发放的贷款、违规证券回购、违规从事金融衍生产品交易等。相当一部分基层农村金融机构由于严重缺乏法制观念和风险意识，只顾眼前利益、小团体利益甚至个人私利，无视国家法律法规，置金融资产的风险与损失于脑后；部分农村金融机构为了逃避中央银行、系统内上级行和财政、审计机关的监督，违规设置两本账、三本账，有的甚至不建账、不记账。这一问题曾一度非常普遍（至今仍有部分基层农村金融机构发生），涉及的金额十分巨大，其必然形成巨额资金体外循环，造成资金调度失灵，危及正常的信贷资金营运，特别是那种只有少数人员操作、基于少数人利益之上的账外账，比账内资金具有更大的风险隐蔽性、欺骗性和危害性。违规经营逃避正常监督、法律手续不全，致使大量资产不能及时收回或形成沉淀，更为严重的是其背后往往隐藏着大量贪污、受贿、诈骗等重大金融案件，在宏观上造成了国家信贷总量失控，增大了通货膨胀的压力。

（3）部分农村金融机构特别是农村信用社经营管理薄弱，业务经营已经陷入严重困境。一是相当一部分农村金融机构特别是农村信用社资本充足率低下，非独立法人机构营运资金不充分，随着业务规模的扩展又不及时补充资本金。更有甚者，部分农村金融机构账面所反映的实收资本不真实，存在重复计算、凭空对转等虚增资本金问题，实收资本和准备资本的不足和不充分严重影响了农村金融机构抵御风险的能力。二是相当一部分农村金融机构资产负债结构单一，资产流动性差。负债结构中吸收公众的存款特别是农民储蓄存款占了绝对比重，潜伏着较大的支付风险。三是农村金融机构贷款风险过于集中在乡镇企业贷款和粮棉油等农副产品收购贷款。风险集中，严重超出资产负债比例管理中对风险管理的要求。由于乡镇企业经营不善、严重亏损甚至破产倒闭，导致乡镇企业贷款严重不良，“一逾两呆”贷款占比很高。同时，粮棉油收购贷款等农村政策性贷款则由于行业集中、政策调整和粮棉油等农产品销售难等原因，导致收贷收息难度大幅度增加，形成严重风险。四是农村金融机构应收未收利息上升趋势加剧。现行金融企业财务会计制度按权责发生制原则确认与计算损益，在乡镇企业、国有粮食收购企业经营不景气的情况下，存在企业逃息和欠息现象。大部分应收未收利息已挂账数年，农村金融机构被迫用巨额信贷资金垫缴税收和利润。这不仅直接影响农村金融机构的正常经营和信贷资金周转，而且随着农村金融机构用信贷资金垫付税收和利润、信贷资金财政化问题的进一步加剧，直接削弱了农村金融机构特别是农村信用社的自我积累能力和抵御风险能力。五是农村信用社等经营亏损日渐膨胀，部分已资不抵债，濒临破产。从根本上看，主要是由这些农村信用社自身原因造成的，相当一部分农村信用社经营管理水平低，不注重效益，只顾机构扩张，不少机构人浮于事；内控不力，费用开支无节制，超越资本实力和财务积累能力，盲目扩张基建和购置高档设备，搞攀比，图享受，乱挥霍。更为严重的是，有些农村信用社等农村金融机构存在严重的金融犯罪问题，种种腐败行为往往与金融风险交织在一起，直接形成金融风险。

第六章　农村金融发展提质增效的建议及案例

世界上大多数国家通过构建多元化的农村金融组织体系，有效地解决了金融供给主体与金融需求主体之间的信息沟通障碍，较好地满足了农村金融需求主体的需求。

第一节　农村金融制度变迁的路径选择

制度变迁的过程可以描述为这样一种路径：制度环境变化引发外部利润—外部利润带来制度非均衡—制度非均衡导致制度创新—制度创新引发制度变迁—制度变迁导致制度均衡。可以看出，在这样的路径中，制度变迁的动力关键在于各经济主体期望获取最大的潜在利润，同时，宪法秩序、现行制度安排、制度设计成本、公众态度、上层决策者的预期净收益和规范性行为规则等因素均可以影响其变迁的路径。

非正规金融是建立在社会信誉和乡土人情基础上的金融，它来源于农村、扎根于农村，并在农村发展、运行。因此，非正规金融在农村金融市场上具有较高的履约率和较低的信息成本，以及较高的资金配置效率和适应性效率，支农绩效明显。但是，这些优势只有在规模较小的市场中才会发挥作用，在规模和服务范围方面远远比不上正规金融。同时，非正规金融的运行是地下的，不受法律保护，在整个农村金融市场上没有合法的产权，始终处于动荡不安的状态。正规金融机构在金融市场上具有合法的地位，拥有合法的产权，还有政府的国家信誉作为担保，资金充裕，具有规模效应，组织制度相对完善。相对于非正规金融，正规金融在分散的农村的小规模业务上的劣势也是显而易见的。因此，非正规金融组织与正规金融机构合作是制度变迁的最终结果。正规金融机构和非正规金融组织会在经济利益的框架下，不断调整自己的行为，加强合作，从而探索出适合农村发展的模式。所以，我国农村金融制度变迁的方向是非正规金融组织和正规金融组织必然会合作，而合作的方式是多元化的、多样化的，不会按照某一个路径发展成为一种形式。

从世界各国的角度考察，无论在发展中国家还是发达国家的金融市场，商业金融和合作金融并存是各国农村金融市场发展的共同特征。在整个金融体系中，老的合作金融组织不断向商业性金融组织演进，新的合作金融组织不断产生和发展，因此，从动态的角度看，每一个合作金融组织始终会以一种动态的、发展的形态存在。民间资本已成为我国国有资本和跨国资本以外的第三支力量。我国民间资本蕴藏着巨大的能量，目前，3 000 亿元的民间金融总量，相对于 8 万亿元的居民储蓄存款和 12 万亿元的民间资本来说，现有的资本市场还远没有将民间资本充分激活。

一、正规金融与非正规金融的合作战略

关于如何实现正规金融与非正规金融的合作，学者们给出了许多建议（Christen，1992；Seibel 和 Parhusip，1992）。Seibel（1997）提出了正规金融与非正规金融的四种合作战略，如表 6-1 所示。

表 6-1　正规金融与非正规金融的四种合作战略

战　略	条　件	例　子
使正规金融适应农村非正规部门环境（自上而下）	存在有效的正规金融	尼泊尔农业发展银行、泰国农业和农业合作银行、印度尼西亚人民银行、菲律宾北部 Mindanao 发展银行
促进非正规金融的发展（自下而上）	存在有效的非正规金融	印度尼西亚 Maha Bogha Marga（MBM）银行、非政府组织银行、信用合作社
将正规金融与非正规金融连接起来（连接）	所有金融机构都有效	亚太地区农业信贷协会的成员
创造新的微观金融机构（创新）	缺少有效的金融机构	孟加拉乡村银行、越南农业银行、老挝农业促进银行（APB）、尼日利亚社区银行

（1）“自上而下”战略。通过正规金融的制度适应，使非正规金融更易于与其打交道；通过体制内的改革，增加对农村经济发展的金融支持，实现农村金融服务覆盖面的增加和供给规模的突破。一方面，通过优化准入政策和补贴政策引入“增量”，同时通过支持消化历史包袱和增强服务能力改革“存量”，科学布局，提高农村金融机构网点的覆盖率；另一方面，综合运用各项政策措施，全方位保障农村的信贷供给，实现农村信贷增速超过各项贷款的平均水平，切实扩大农村信贷供给的规模。同时，创新农村抵押担保的方式，探索以不动产、动产和权利等抵押和质押的形式，扩大有效抵押品和质押品的范围；突破传统贷款的抵押模式，大力发展农村信用贷款，侧重考察贷款农户的信用以及未来的现金流，开辟具有农村特色的金融发展之路。

（2）“自下而上”战略。大的非正规金融组织将资金聚集在一起，形成正规金融。比如 1988 年成立的浙江路桥银座金融服务社，以其灵活的经营机制，不但在激烈的同行竞争中争得一席之地，而且在 1992 年经人民银行批准，更

名为“浙江路桥城市信用社”，成为一家正规金融机构。

（3）将正规金融与非正规金融连接起来。将非正规金融纳入正规金融体系之内，并使其合法化。非正规金融是由民间自发进行并不断演进的，属于典型的诱致性制度变迁。非正规金融由“自愿安排”到“政府安排”已经具备了相当大的现实基础。政府可通过必要的制度创新，将那些已经具有一定规模、机构相对完善、财务制度比较健全、运营和管理比较规范的非正规金融合法化。从非正规金融在我国经济转型过程中的作用来看，其结果是使我国经济所依存的所有制结构发生了很大变化，而这种改革的金融支持正是非正规金融。从这个意义上说，我国的非正规金融在体制外的生长，对政府的正规金融制度变迁具有很强的诱致作用。无数发展的事实都已说明，这种金融制度创新的收益确实大于改革的成本，能够实现金融资源配置的帕累托改进。因此，政府应积极介入到该制度创新之中，修改现行的制度安排，扩大政府正规制度所许可的金融活动的行为边界，将原来体制外的非正规金融纳入正规金融体系之内，使其合法化，促使地下金融浮出水面，从而降低金融风险和保护金融交易各方的合法权益，更好地为完善金融体系、推动经济转型提供制度基础。

（4）在缺少足够的正规金融和非正规金融的地方进行制度创新，创造新的微观金融机构。有时，上述三种战略还可以相互融合。比如，正规金融机构主要为农村大中型企业和富裕阶层服务，但还有适应中小企业和穷人融资需求的潜力，正规金融机构可以慢慢向下层扩展。当然，为了向整个农村市场服务，正规金融的制度适应策略必须以非正规金融的制度提升策略为补充（Seibel，1997），比如在既定的法律框架下进行组织创新，或是向更高形式的组织发展。正规金融和非正规金融的合作不但能够有效降低交易成本，而且能够促进非正规金融的发展与提升，以及正规金融向下的制度适应。正规金融与非正规金融的合作是金融体系发展的一个有前途的战略。事实证明，非正规金融能够向农户、农业和中小企业提供持续的融资服务。将非正规金融和正规金融连接起来的措施能够促进这些服务并创造出一种竞争的环境。

二、正规金融与非正规金融的合作形式

正规金融和非正规金融的合作形式主要有两种：水平合作和垂直合作。水平合作是指正规金融和非正规金融在资金提供上展开直接的竞争（Bell，1990；Kochar，1992），这种观点认为，借款人首先向正规金融申请贷款，无法满足的部分求助于非正规金融。垂直合作是指非正规金融从正规金融取得贷款，然后再将其贷给农户。垂直合作可以通过三种途径：一是正规金融与专职放贷者的合作；二是正规金融与捆绑信贷的合作；三是正规金融与小组金融的合作（Ghate，1992）。

（1）正规金融与专职放贷者的合作，即通过正规金融将低价的信贷资金提供给专职放贷者。这一方面可以降低正规金融直接面对中小农户的信息不对称程度；另一方面，专职放贷者获得充裕的资金，可以实现资金的规模效益，并且专职放贷者间的竞争还可以降低贷款利率水平。通过这种合作，可以增加贫困农户信贷资金的可获得性，降低融资成本。

（2）正规金融与捆绑信贷的合作。捆绑信贷或称互联性交易，是指信贷与商品交易互联，这在发展中国家非常普遍。这种互联可以增加借款人获得贷款的数量，降低交易成本。例如，在菲律宾稻米种植地区，稻米的销售是通过稻米商、领取佣金的代理人、稻米加工商、批发商和零售商等进行的。这些代理人往往是非正规放贷者，他们从正规金融机构获得信贷资金，然后向稻米生产者即农户提供信贷，在稻米成熟时，农户将稻米销售给这些代理人，同时还贷（Floro 和 Ray，1997）。尤玛丽（Umali）（1990）发现稻米加工商 80%的资金来自正规金融机构。

（3）正规金融与小组金融的合作。小组金融包括信用合作社、合会、小额信贷等。一个典型的案例是 1989 年的印度尼西亚，13 家银行在 12 个非政府组织的帮助下，向 420 个互助组织（SHG）提供贷款，然后由互助组织向组织内的成员贷款。截至 1990 年 3 月，7 家私人银行和 11 家政府银行分支机构向互助组织提供了 229 笔小组贷款，这些钱被 3 500 个成员所运用，从而增加了其信贷的可获得性。

三、正规金融与非正规金融的合作效果

关于正规金融与非正规金融的合作效果，主要有两种观点，一种观点认为，通过这种合作，正规金融可以利用非正规金融的信息，降低贷款风险，增加资金供给；而非正规金融可以降低融资成本，从而使农户所面临的贷款条件得到改善，增加农户信贷资金的可获得性。另一种观点认为，由于市场结构的不同，合作的效果会有很大的差异，甚至在某些情况下，正规金融与非正规金融的合作并不能增加金融供给或者改善借款人所面临的贷款条件。

支持第一种观点的学者主要有福恩特斯（Fuentes）、杰恩（Jain）、康宁（Conning）、瓦吉斯（Varghese）等。Fuentes（1996）考察了当正规金融机构利用乡村代理人来审查潜在客户和帮助收款时的激励问题。最好的激励机制是正规金融机构和代理人共同承担向小农户贷款的风险。当贷款收回时，代理人获得奖励，否则将会受到惩罚。Jain（1999）考察了银行借助于放贷者所拥有的客户信息来区分好坏借款人。Conning（2000）提供了一个银行通过放贷者向农户贷款的例子，只要放贷者提供一个其向农户贷款的证明，就可以从银行获得贷款。Varghese（2004）通过将正规金融和非正规金融的合作与银行间的

竞争相比较发现，通过合作，银行不仅能够向高收入者提供贷款，而且还能够向低收入者提供贷款，合作比增加银行间的竞争更有效。结果还显示，借款人更偏好正规金融和非正规金融的合作。

支持第二种观点的学者主要有博斯（Bose）、霍夫（Hoff）和斯蒂格利茨（Stiglitz）、弗洛罗（Floro）和瑞（Ray）等。Bose（1996）认为，在正规金融与非正规金融合作的情况下，正规金融的低价信贷政策会使具有信息优势的放贷者增加向优质客户的放贷，导致其他放贷者所面临的贷款对象恶化，其结果是不具有信息优势的放贷者减少贷款活动，总放贷量减少，一部分客户所面临的贷款条件恶化。Hoff 和 Stiglitz（1997）提出，在垄断竞争的格局下，增加放贷者的正规金融信贷补贴，会导致放贷者数量增加，每个放贷者市场的势力减小。贷款实施成本增加，从而可能不会增加放贷者对非正规借款人的贷款，甚至会导致非正规利率水平的提高。Floro 和 Ray（1997）指出，当放贷者之间是战略合作关系时，正规信贷的扩展可能会加强非正规放贷者间合谋的能力，最终导致非正规借款人所面临的贷款条件恶化。

虽然以上论述从不同层面说明了正规金融与非正规金融的合作效果，但这只是理论上的阐述，没有实证的考察。在我国这样的发展中国家，农村金融改革和制度变迁的过程，实际上是一个利益的重新调整过程，是农村正规金融和非正规金融在面对农村强大的金融资金需求时的利益分配和优势互补的演化过程。作为第三方的国家在这个过程中，通过一系列政策的颁布，不断调整正规金融和非正规金融的变迁方向。政府制定的政策规定了农村正规金融机构和非正规金融组织的产权，决定了两大利益集团的地位，也决定了未来金融制度变迁的方向和速度。通过政策方面的分析，我们看到，政府政策也是朝着促进合作发展的方向前进的。

第二节　农村金融发展提质增效的借鉴

一、农村金融发展的案例分析文献

随着奥斯特罗姆获得诺贝尔经济学奖，其所倡导的案例分析方法风靡全球，这种方法在以数学、数字及模型为基础的理性分析中，好像一股春风吹遍五大洲四大洋，并迅速掀起了一轮案例分析的高潮。国外对农村金融的案例分析应以世界银行的研究报告为代表，其主要代表人物是亚隆、本杰明和皮普雷克等，他们重点考察了发展中国家的农村金融机构，从农村金融对经济发展的贡献度和农村金融市场的独立性及可持续性两个方面对农村金融市场的发展提出了具体的评价标准，并推出了农村金融对于生产的贡献和促进经济公平发展两种判断标准。他们在研究中发现，农村金融发展的实际情况是机构效率普遍较低，其独特的服务目标往往不能对其经营业绩进行恰当合理的衡量。针对这种状况，亚隆提出，应主要从服务范围和自我维持程度两个方面来判断农村金融的发展程度。在金融服务范围方面，农村金融机构服务范围的大小主要由其服务的客户类型和提供的金融服务的多样性来决定，如为农村贫困农民或低收入农民提供多少服务、是为农业提供服务还是为非农业提供服务、农村贷款额的大小和农村储蓄账户的多少、农村银行分支机构和农村信用社的数目、近年来农村金融机构资产的年增长率等；在自我维持能力方面，如果某家农村金融机构的收入等于或者高于其支出，则这家金融机构就被认为是能够自我维持的。

近几年，学者们把更多的目光投向了农村商业性金融以及各种非正式金融组织。温·格兰特（Wyn Grant）（1996）通过对农村专门金融机构和银行的访问，分析了英国和爱尔兰农户的外源资金提供者的情况，讨论了两国农业贷款机构的发展及其随后的商业化，同时指出大农户往往能更好地利用借款机会及新的金融工具。

Cozzarin，B. P. （1998）创立了农业部门两大契约关系的概念模型（联盟和一体化），得出了最优化契约和一体化组织形式是比合作金融更重要而且有效的农村金融组织形式的结论。在对农村非正式金融组织的研究方面，Seibel，H. D. （1967）指出，非正式金融机构在农村金融市场上的规模、延伸性和持续性都受到了限制，并提出了使非正式金融正规化的观点。Shahidur，R. 和 Faruqee，R. （2002）通过对巴基斯坦的农业信贷的调查分析指出，正规贷款机构和非正规贷款机构在农业发展中起着同等重要的作用，但正规贷款机构提供的用于生产的贷款远高于非正规贷款机构提供的贷款。Kellees Tsai（2004）通过对我国和印度两国农村金融组织的研究，将非正规金融组织存在的原因归纳为正规贷款的有限供给、国家执行贷款政策不利、地方政治分割趋势严重以及许多微观金融组织存在制度缺陷。

国内关于农村金融发展的案例分析文献较少，一般都是从事具体工作的人员对其在实际中遇到的问题提出一些想法和看法。任森春等（2005）认为，非正规金融与正规金融的联动性远比强调两者的替代性更为有效，通过正规金融将低价的信贷资金提供给专职放贷者，既可以降低正规金融直接面对中小企业和农户的信息不对称程度，又可以使中小企业和农户获得充裕的资金，从而实现资金的规模效益，并且专职放贷者之间的竞争还可以降低贷款利率水平。这种方法已在菲律宾、印度尼西亚等发展中国家得到实践。因此，政府一方面应促进正规金融与非正规金融的组合贷款，鼓励非正规金融机构与国有金融机构、商业金融机构互相参股、兼并、引进战略投资者等，允许非正规小额贷款组织进入银行间的市场拆借活动，逐步实现小企业贷款的利率完全市场化；另一方面，应建立健全基准利率形成机制、存贷款利率形成机制、利率监控机制以及非正规借贷利率的信息发布机制，促进利率的市场化进程。

田微（2011）将我国的农村资金互助社按其生成动力分为内生型和外生复制型两大类。将内生型的农村资金互助社又按照其资金互助的模式分为单独成立的互助社、没有成立互助社却有互助社功能的合作社和集生产合作、资金互助于一体的合作社三类，它们分别是国内首家资金互助社—百信资金互助社、梨树郭家合作社和梨树李家合作社。将外生复制型农村资金互助社又按照其所在地域的不同分为扶贫性质的资金互助社和一般的资金互助社两类。经过代表性案例分析，结果表明，融资困难是当前绝大多数农村资金互助社所面临的成长瓶颈，而克服这一困难的有效办法只能是壮大农村资金互助社在资金借贷市场的抗风险能力，政府在农村资金互助社成长过程中的作用应根据当地的实际情况而定，不可盲目对所有地区实行同样的支持政策，当前很多农村资金互助社都面临着“对外吸储”这一高风险行为的诱惑，而我国农村资金互助社在当前阶段的抗风险能力较差，应当慎之又慎。

二、金融体系的经典案例

（一）日本的农业发展支持制度

日本实施了多项政策支持农业的发展，具体如下；

（1）设立农林渔业金融公库。该公库属于政策性金融机构，由政府提供资本金、预算拨款、贷款周转金和部分借款，资金运用主要是提供一些商业银行和其他贷款机构不愿提供的贷款。但在贷款对象上有所侧重。政策性金融机构依托合作金融办理支农贷款。

（2）设立存款保险制度。该制度是政府参与下对农协合作金融的一种制度保障。这种保险与一般商业性保险的最大区别是被保险者只限于在农协的存款者，储户（农民）只要在农协系统存款，储户、农协、保险机构之间的保险关系便自动成立。其运行规则是：当农协的经营业务出现问题，停止兑付存款或宣告破产并解散时，保险机构直接向储户支付保险金。对单个储户支付保险金的上限为 1 000 万日元，储户存款超过 1 000 万日元的部分作为对农协的债权保留，待对农协进行债务清算时再予以补足。

（3）设立相互援助制度。该制度是农协系统为强化信用业务而自主设立的，以相互援助为宗旨、与存款保险制度互为补充的一种保险制度。虽然每个农协独自经营自己的信用业务，但对外界来说，当一个农协出现信用问题时，也有可能影响其他农协的信用。为了防止信用危机的发生，农协系统内自发形成并建立了相互援助系统，援助资金来源于农协系统内部。按规定，农协各级信用部门每年必须将其吸收存款的10%作为该制度的专项资金储备，由农林中央金库统一运用和管理。该制度的具体实施方案为：当某一农协的经营出现问题时，农协系统可根据相互援助制度向该农协提供一定数量的低息贷款，以帮助该农协渡过难关。在日本，农村金融服务体系既有政府办的政策性金融机构，又有强大的合作金融组织，但主要是由以合作金融组织为依托的“2+1”模式（即政策性金融机构、合作金融系统和农业保险机构）组成。

（二）美国的农村合作金融体系和农业保险体系

（1）美国的农村合作金融体系。美国的农村合作金融体系由联邦中期信用银行、合作银行、联邦土地银行三大系统组成，这三个系统都是在政府的领导和资助下，采用自上而下的方式建立的。

联邦中期信用银行系统是美国最重要的农业信用合作系统，主要解决农民中短期贷款难的问题。该系统由12家联邦中期信用银行组成，每一个银行下都有众多的生产信用合作社，生产信用合作社实行股权所有制，借款人必须拥有相当于借款额5%～10%的合作社股金或参与权证。贷款期限一般为1年，最长不超过7年。联邦中期信用银行的资金来源主要包括自有资本、联邦农业债券和向商业银行等借入的资金，联邦中期信用银行只充当信用“批发商”，对生产信用合作社发放贷款和贴现，不直接贷款给农场主，也不经营一般银行业务。生产信用合作社从联邦中期信用银行借得资金后，负责对农场主发放短期生产贷款，并承担风险。

合作银行系统由中央合作银行和12家信用合作银行组成，是美国专为合作社添置设备、补充营运资金、购入商品等提供贷款而设立的合作金融系统。合作银行直接向合作社发放贷款，并为区合作银行提供资金。

联邦土地银行系统由12个农业信用区的联邦土地银行及其下属的合作社组成。每个合作社向联邦土地银行缴纳本社社员借款总额5%的金额作为股金，以取得作为联邦土地银行的下属机构和向联邦土地银行借款的资格。联邦土地银行只办理长期不动产贷款，贷款对象主要是个体农场主。贷款期限法定为5～40年。贷款业务经过联邦土地银行合作社，直接面向借款人。

（2）美国的农业保险体系。美国的农业保险体系非常完善，其经营体制实现了从“单轨制”到“双轨制”，再到“单轨制”的演进，即从政府成立机构直接办理农作物保险业务，到引进商业保险公司共同经营，再到完全交由商业保险公司经营和代理。目前，商业保险公司在经营过程中，美国政府在经营管理费和保险费补贴等方面提供了很大支持。美国农作物保险的运行主要分三个层次：第一个层次为风险管理局，主要负责全国性险种条款的制定、风险的控制、向私营保险公司提供再保险支持等；第二个层次为具有经营农险资格的私营保险公司，它们与风险管理局签订协议，并承诺执行风险管理局的各项规定；第三个层次是农作物保险的代理人和查勘核损人，美国农作物保险主要通过代理人销售，他们负责具体业务的实施。

（三）印度的农村金融体系

若说世界上与我国国情最相近的国家，当然非印度莫属。同属亚洲和世界发展中国家的印度，国土面积近300万平方千米，人口超过10亿。印度也是一个农业大国，全国72%的人口是农民。印度农业对国民经济的增长起着决定性作用，小农经济依然占绝对优势。在印度农业的发展过程中，农业金融体系的支撑发挥了重要作用。主要体现在以下几个方面：

（1）农村金融服务网点多、覆盖率高。印度金融机构在广大的农村地区建立了自己的网络。商业银行已经在农村地区建立了超过3.26万家分支机构，而基层农业信贷协会的数量则达到了9万多家。同时，土地发展银行在农村的分支机构也已经超过2 000家。截至目前，地区农村银行的分支机构已经达到1.4万多家，其经营目的就是“满足农村地区到目前为止受到忽视的那部分人的专门需要”。如此高的金融覆盖程度在全世界范围内都是罕见的。

（2）金融机构层次性多，各金融机构之间既分工明确，又相互合作。这一金融体系包括印度储备银行、印度商业银行、农业信贷协会、地区农村银行、土地发展银行、国家农业和农村开发银行、存款保险和信贷保险公司。为了支持农村金融的发展，鼓励和促进金融机构参与农村金融市场，印度成立了国家农业和农村开发银行，为信用合作机构、地区农村银行以及从事农村信贷工作的商业银行提供再融资服务。同时，印度还建立了存款保险和信贷保险公司，为农民贷款提供保险。

（3）推行“领头银行”计划，就是在一个地区，必须有一个领头银行负责该地区的发展开发工作，该银行必须对国家规定的优先发展的行业提供金融支持。由于农业和棉花工业被印度列入国民经济中优先发展的行业，因此按照规定，领头银行必须将不少于30%的资金贷给这两个行业。

（4）采取利率补贴计划。印度规定了商业银行农村信贷的差别利率，以保证农民能够以优惠的利率获得金融机构的支持。印度的农村金融体系建设解决了农民贷款难的问题。一项调查表明，在被调查的印度农民中，只有2.9%的农民由于当地缺乏金融机构而得不到贷款支持。

（5）政府通过规定“优先部门”的贷款比例支持农业发展。为了对农村地区提供金融支持，达到辅导农业与中小企业的社会目标，印度政府规定，本国银行对优先部门的放款不得低于贷款净额的40%，外商银行对优先部门的放款不得低于贷款净额的32%。这些优先部门包括农业、中小企业、出口产业等。这一举措满足了农业的资金需求，促进了印度农业和农村的发展。

（6）创新“自助团体联系计划”，大力发展小额贷款。印度农业和农村发展银行与自助团体合作的银行联系计划，在为农户提供贷款的同时，也为农户自助团体进行社会动员和技术培训提供了可能。该计划的重要特征是采用团体担保代替抵押，用来自团体内其他成员的同等压力作为激励还贷的因素。由农户贷款自助团体向商业银行贷款，再转贷给农户，使商业银行面对的是团体，这就把筛选客户和监控的成本转移到了团体身上，从而有效地分散了风险，减少了金融机构的交易成本。

三、关于银行的经典案例

（一）小额贷款业务

（1）国际经验模式之一：孟加拉乡村银行（GB）。该银行的创始人是穆罕默德·尤纳斯。该银行的特点是：低利率，福利主义色彩浓厚；贷款对象中个人和小企业居多；贷款额度较小；覆盖面广，简便灵活；小组联保，到户放款。在亚洲的发展中国家中，孟加拉国和印度尼西亚大规模地开展此类型的小额信贷业务，其次是菲律宾、印度、尼泊尔和柬埔寨等国。在拉丁美洲，小额信贷业务在玻利维亚、墨西哥和秘鲁发展得最为成熟，其次是巴西、智利和萨尔瓦多等。在非洲国家中，南非、乌干达和坦桑尼亚等国的小额信贷业务发展得最为成熟。小额信贷业务在发达国家同样得以发展，尤其是在美国和欧洲。美国历史上第一家连锁经营公司就是小额信贷公司，美国住宅金融公司（HFC）一度是世界上最大的小额信贷公司。在欧洲，小额信贷扮演了挽救失业率的重要角色。近年来，已有不少小额信贷机构从国内、国际资本市场成功筹资的案例。墨西哥的 Compartamos 于 2002—2004 年先后 4 次发行国内债券，共筹资 3 700 万美元；秘鲁的 Mabank 于 2002—2003 年先后 3 次发行债券，共筹资 1 500 万美元。事实上，随着小额信贷机构的发展，小额信贷机构在创新和管理金融产品、维护和发展稳定的客户关系方面会变得更有经验，成本也会逐渐下降，这有助于商业可持续发展目标的实现。

（2）国际经验模式之二：印尼人民银行（BRI）。该银行是印度尼西亚第四大国有商业银行，有 100 多年的历史。其特点主要表现在：属于正规商业银行；面向小客户，小额度放款；商业化运作，效益好；在全国范围内有许多分支机构。其服务对象以个人和家庭为主。1983 年，BRI 改制，利率放开，从 1996 年开始在全国建立 3 600 个村银行（UNIT）。在有效地向农村大量低收入人口提供信贷服务的同时，在商业上也获得了巨大的成功。BRI 连续 3 年的资产回报率和股本回报率都大大超过了商业银行的平均水平。2003 年，BRI 在纽约证券交易所上市，超额认购 16 倍，被《亚洲货币》评为当年最佳上市公司，外国投资者大约持有 40%的 BRI 股份（王君，2005）。截至 2009 年年底，股票价格相当于发行价格的 4 倍。

(3) 国际经验模式之三：巴基斯坦卡什哈里银行。该银行成立于 2000 年 8 月，是巴基斯坦第一家商业化的小额贷款银行。该银行的股东结构如下：3 家国有银行，11 家民营银行，2 家外国银行（花旗银行和渣打银行共投资 3 000 万美元）。2000 年 12 月，亚洲开发银行向巴基斯坦政府提供了 15 000 万美元贷款，其中提供给卡什哈里银行 7 000 万美元贷款以及 1 000 万美元机构建设费。2010 年，卡什哈里银行拥有 100 家分行，100 万客户，达到了财务收支平衡。

(4) 国际经验模式之四：国际社会资助基金会。该基金会成立于 1984 年，是乌干达的非营利机构，致力于为低收入家庭提供小额信贷服务。

（二）零售银行业务

(1) 美国社区银行。美国社区银行是以居民社区为依托，在一定社区范围内按市场法则和现代银行制度设立和运营的股份制小银行，它具有制度主义性质。社区银行的金融服务包括信托、投资、保险、理财、信贷等业务。截至 2009 年 12 月底，美国社区银行已经超过 10 000 家，占商业银行总数的 95% 以上，资产总额达 8 500 亿美元，占全美商业银行资产总额的 20%左右，员工超过 45 万人。

(2) 美国富国银行。美国富国银行是全美第五大银行，以规模化取胜。从 1980 年代以来，美国富国银行重点出击中小企业和社区金融，比较依赖网络资源，通过做大标准化信贷产品的业务量来降低成本和风险，从而使具有 150 多年历史的富国银行连续 15 年在全美中小企业融资市场上排名第一，并以年均 30%～40%的速度增长。

(3) 美国硅谷银行。美国硅谷银行专注于科技这一特定领域，集中为高科技初创公司提供金融服务，信贷投放和风险控制主要靠其跟硅谷的科技型企业长期的深厚关系而实现。近年来，美国硅谷银行占据了硅谷创业活动的中心，多年来在美国技术信贷市场排名第一。

(4) 北京银行。北京银行主要开展结算、汇兑、金融咨询、保险、信托、租赁、信用卡、保管箱、有价证券买卖等金融服务，同时提供文化创意贷款、节能减排贷款、消费信贷等产品，并创建了消费金融公司等。北京银行下属的北银消费金融公司于 2010 年 3 月 1 日正式营业，截至 2010 年 4 月，共核准消费贷款 122 笔，累计金额近百万元。实际业务办理显示，其主要客户是中低收入者，将近一半的客户月收入在 3 000 元以下。而来自北京银监局的数据显示，北银消费金融公司发出的贷款，呈现出金额小、期限短的特点，单笔贷款最高为 4.195 万元，最低为 600 元。以北京银行为代表的各地银行，如大连银行、上海银行、吉林银行等都随后效仿这种做法，大规模、大范围地开展此类业务。

第三节　农村金融发展提质增效的政策建议

一、完善农村金融体系

多数国家将农村金融组织区分为政策性、商业性、合作性，以及一些小额信贷组织。其中，农村金融组织多元化、信贷渠道多样化，是美国农村金融体系的主要特色；合作金融是德国农村金融的主体；日本既有强大的农协系统的合作金融，又有政府办的政策性金融，两者相辅相成；印度的农村金融组织体系是发展中农业国家的代表，农村金融组织体系非常发达。通过对这些国家农村金融的研究可以发现：在金融市场上，要注重培育层次性；在组织体系上，要注重培育互补性；在金融服务上，要注重践行普惠性；在扶持政策上，要注重提高持续性；在监管制度上，要注重分类有效性。因此，我国完善农村金融服务体系、实行区域金融发展，应采用不平衡的发展战略，真正建立起适合东、中、西部“三农”实际发展需要的开放的、多元化的、多层次的农村金融服务体系，形成以正规金融为基础、非正规金融和新型组织为补充、中国人民银行和银监会政策指导和监督“三位一体”的农村金融体系。

二、多种方式支持农业发展

针对不同的农村金融需求，创新信贷产品，多种方式支持农业发展，具体方法有：

(1) 开展“合作组织+农户”的联合贷款。重点是组织农户建立农民专业合作经济组织，形成具有一定规模的合作经济，以合作组织为一个整体统一提供贷款，这就解决了农业生产组织化程度低的问题。

(2) 开展“五位一体”的综合服务。五位包括农户、龙头企业、农村信用社、保险公司和政府五个参与主体，目的是促进产业结构优化升级。由龙头企业与农户签订购销合同，农村信用社负责提供贷款；由保险公司承保，保险费由当地政府和农户双方按照一定比例共同支付。

(3) 开展“订单农业质押贷款”。以农村信用社为主体，向农户发放贷款，这种贷款以订单农业购销合同的收款权为质押担保。可以考虑贷款对象为年纯收入在2万元以上的种养殖大户；贷款期限可以设定为3个月、6个月、1年等；每个农户的贷款额度为1万～10万元；利率按照人民银行规定的统一标准制定，对特级和一级信用农户实行优惠利率。

(4) 开办农民工信用卡。为有需求并且信誉和经济实力较好的农民工开办信用卡，促进其进行农业消费。

（5）开展新业务品种。针对中小企业大多无固定资产抵押的实际，可以开展农户商户联保贷款、住房营业房抵押贷款、个人担保贷款、便民小额信用贷款等新业务品种。

（6）引导推行多种经营模式。大力扶持新型农业产业发展，支持农村龙头企业，引导推行“业主＋农户”“订单＋农户”“龙头企业＋农户”等多种经营模式，合理引导农村经济向新型产业化方向发展，依托农业发展的产业链、借助核心企业实力为中小企业提供融资。

（7）加快发放农民工创业贷款。农民工返乡创业后，对金融服务的需求率高，对短期流动性资金的需求量大，因此农村金融机构应在考虑成本和安全的基础上，适当增加乡镇金融服务网点，根据农民工回乡创业对金融服务需求的新特点，建立和完善符合农民工返乡创业特点的评级授信制度，开发适合农民工创业的金融服务新产品，如“农民工创业贷款”“青年创业贷款”“妇女创业贷款”等，开办多种抵押贷款和同一区域、行业、优质民营企业联保互保贷款，尽量满足农民工创业资金多样化的要求。同时，积极推行农民就业技能培训小额贷款，提升农民的职业技能和整体素质，增强农民在劳务市场就业的竞争能力。

（8）有效增加农村商品流通贷款。目前，农村生产经营逐步向两个方向分化，形成了以生产和经营为主的两大群体。其中一部分农户已经远离农田，主要依靠收购农产品和经营其他产品为生，如开办连锁店、小百货、小超市、物流站等小商业，在他们的带动下，形成了一个个农村集贸市场和商品集散地。农村商业的发展，既加快了商品流通，活跃了农村市场经济，又增加了就业。但该类经营一般投入较大，对资金的需求量也较大，农村金融部门应通过增加有效信贷投入，提供更便捷优质的服务，以满足该部分人员的金融需求，支持农村非农产业的发展。

三、完善农村金融生态，加快农业保险体系建设

为了实现分散和降低农村金融风险机制的突破，一方面，应该以创建信用户、信用村、信用乡镇、信用生态县为载体，构建县、乡镇、村、农村金融机构、农户“五位一体”的农村信用体系；另一方面，应该加快建立健全符合农村特点的多种形式的保险和再保险体系，从而增强农村金融可持续发展的能力。为了确保支农资金专款专用，建立能够及时、完整、灵敏地反映支农资金的来源、使用、结存、周转状况及其动态变化的资金信息系统，需要建立农村贷款风险的补偿机制。

（1）建立农业贷款项目保险机制。农业投资项目风险较大，也就是说，由于意外灾害造成农业损失和贷款损失的概率大，而保险公司与农村信用社联合

起来，在农户贷款投资时向保险公司投保，既可以解除农民投资和农村信用社发放贷款的后顾之忧，也为保险公司拓宽了服务范围、增加了收益。

(2) 建立对农业贷款投入的补偿机制。由国家财政拨出专项资金直接投资农业的方式已经运行多年，但效果甚微。可考虑将财政投入资金作为农业投入的补偿资金，这样既可以提高农户与农村组织增加农业投入的兴趣，又可以鼓励农村信用社发放贷款，财政部门还可以从中获益，可谓多赢。

四、实行农村银行业准入政策

适当放宽金融市场准入标准，引导农村非正规金融转入现代金融发展轨道。在农村金融体系中，农村非正规金融最贴近市场，但盲动性最强，参与主体羊群效应最明显，抗风险能力最差。必须坚持“低门槛、严监管”的原则，放宽金融市场的准入资本范围，引导现有农村非正规金融通过新设、参股、收购、重组等方式，参与村镇银行、社区性信用合作组织等农村金融体系的建设；允许符合条件的小额贷款组织来改善村镇银行和贷款公司，允许这些机构按照市场化原则和风险可控原则向农村银行融资；鼓励信托公司、租赁公司到县城设立机构、开展业务，引导商业性的保险公司到农村地区设立机构，探索建立农业保险经营的网络；逐步完善和发展农村地区的证券业务和农产品的期货业务。

五、建立正规金融和非正规金融合作机制

发展中国家的比较优势是在一些技术成熟型、劳动密集型的产业，这样的产业能够允许数量众多的中小企业发展。与这样的产业结构相适应的金融机制应该是发展许多地区性的小银行。因为小银行在服务中小企业方面比大银行有优势。由于我国东、中、西部农村经济的发展水平存在较大差异，因此必须鼓励正常的农村非正规金融活动，承认其合法性，在数量上要大规模进行扩张，大力发展小额信贷公司、农户资金互助组织等各种非正规金融组织，形成不同金融组织全面竞争与合作的格局，并将其纳入国家金融监管体系，从而扩大政府的财政税收。

努力促成正规金融与非正规金融之间的交易合作。通过合作，可以利用非正规金融部门的信息优势降低正规金融部门高昂的信息搜寻成本，利用正规金融机构的资金优势弥补非正规金融机构资金不足的缺陷，从而提高整个市场的金融交易水平。

六、提高农村正规金融机构的效率

在正规金融机构中，农村信用社的功能和性质不够明晰。长期以来，农村

信用社实际上就是官办的并带有行政色彩的“农行”，其“自愿、互助、互利、民主和低盈利”的金融服务性质虽然体现不多，但它目前在农村金融实践中的基础地位和主力军作用是毋庸置疑的。农村信用社的功能和性质定位的改革，应因地制宜、分类指导，不能搞“一刀切”。农村信用社应进一步提高防范风险和支农服务的水平，将重点放在农户生产经营的资金支持上。加快农村信用社的产权改革，央行应加大对农村信用社支农贷款的支持力度，降低农村信用社的存款准备金缴存比例，允许其开办再贴现业务，实施利率市场化改革等措施，扩大农村信用社的信贷资金来源，增强信贷支农实力。加大对农村信用社的政策扶持力度和税收优惠，各级财政也可以拿出部分资金以入股方式为其“输血”。

七、保证民间金融公开化、合法化

（1）民间金融形式如各种基金会、私人钱庄、企业集资等，必须取得合法形式，银行监管机构应对其加强监管。对于一些确实具备一定的注册资本金，能够依法经营及履约率较高的私人钱庄等“非法”金融机构，应允许其在一定期限内转为合法民间金融机构。

（2）鼓励民间资本进入正规金融机构。民间资本进入正规金融机构，一方面可以借鉴城市商业银行的发展模式，让民间投资人以股份合作的形式加入地方中小金融机构，成立地方性股份合作银行，另一方面可以对农村信用社进行股份制、股份合作制改造。有条件的地方可以成立农村合作银行或农村商业银行，从体制上为农村金融机构更广泛地吸收社会资本、增强服务功能创造条件。组建农村商业银行，可以为民间资本进入金融业开辟道路，对发展我国的社会主义市场经济十分必要。

我国的民间金融目前正处于一种无序状态，所以，为了引导民间资金流向，实现民间金融的正规化、合法化，有效发展民间金融，必须建立一套严格的制度作为保障，要尽快建立起民间金融组织的正常进入和退出机制及严格的监管制度。

八、规范和引导非正规金融有序成长

在我国，由于非正规金融长期以来是被打击和取缔的对象，因此要保持非正规金融的长期发展，必须从法律上把非正规金融纳入信贷资金的运作范畴。应尽快制定《非正规金融法》《放债人管理条例》等法规，明确界定非法吸收公众存款、非法集资与正常的非正规金融的界限，对资金来源和运用符合相关法律法规的非正规金融行为给予确认，赋予其合法地位。通过对非正规金融组织的参股、控股、设立、经营、行业管理、市场监督、债权债务处置、退出等做出具体的法律制度安排，引导非正规金融为社会主义市场经济服务。需要注意的是，必须处理好合法化和正规化的关系。非正规金融的特点决定了它在迎合某些市场需求方面具有独特的优势，有些非正规金融形式无力承担正规化的成本，一旦正规化就将面临无法生存的境地。事实上，组织形式的非正规化恰恰是非正规金融的优势所在。

（1）对非正规金融要有客观、公正的态度。正规金融与非正规金融并不只是竞争关系，两者也存在互补关系，因为它们面临不同的目标客户群体，鼓励和引导非正规金融发展有助于提高金融运行效率，增加整个社会的收益。

（2）积极鼓励正常的民间金融活动，承认其合法性并将其纳入金融监管体系，形成农村金融市场的多元化竞争格局。除了要对明显高利贷行为进行遏制和打击外，对于发达地区的民间金融，应考虑组建多种组织形式的非正规金融组织。在民间借贷比较普遍的地区，一方面，对于具有明显融资性质的非正规金融组织，可以考虑组建村镇银行等，将其作为正规金融的一种补充形式；另一方面，可以探索与农村信用社开展业务交叉和适度竞争，从而使农村金融的整体服务功能得到强化，构建一个相对完善的农村金融体系。非正规金融发展的核心问题在于制度安排，作为制度的供给者，政府的作用不是过多地限制或干预非正规金融，而是制定合理的制度，确立公正、有效的竞争规则，同时要充分尊重微观主体的创新冲动和自主选择权。

（3）在效率和安全之间寻找均衡。农村合作银行是独立的法人，自主经营、自担风险、自负盈亏、自我约束，有完全的权利能力和行为能力，能够独立自主地设立、变更和终止民事法律关系。但这只是一般的规定，并不意味着农村合作银行能够从事任何金融行为。在一个不安全的金融市场里，理性的人绝不敢拿钱去“赌博”，他们宁愿把钱放在自己的口袋里，这样才能把那颗悬着的心放下来。资本是懦弱的，不去它感觉有危险的地方。就同一个法律规则而言，法学家维护的是安全，经济学家维护的是效率。安全和效率是任何一项法律制度都要考虑的永恒的主题。农村合作银行具有盈利目标和服务目标双重经营功能，服务目标的充分实现依赖于盈利目标的完成，这就需要《农村合作银行法》在效率和安全之间寻找平衡。

（4）加强制度建设，依法保护金融交易各方的合法权益。尽管非正规金融没有得到政府的认可，没有确立相应的法律地位，但是，只要非正规金融活动没有违背社会公共利益，有利于交易的实现和经济的发展，那么通过有效地保护非正规金融活动中金融交易各方的财产权利，便可以使非正规金融活动中的违法行为大大减少，从而使非正规金融活动逐步走向规范化。加强制度建设，最大限度地保护和支持非正规金融活动，并在此基础上加以规范和引导，不仅有利于非正规金融的发展，还能充分发挥其对经济生活的积极作用。加强制度建设，必须制定相应的法律、法规，明确私有财产权神圣不可侵犯，只有在借贷双方拥有独立财产权且真正得到法律明确而有效保护的情况下，才能产生规范化的信用活动，才能使非正规金融活动由无序走向有序。对此，我们可以采取以下引导方式：第一，借助价格机制引导。在利率市场化的条件下，非正规金融与正规金融之间将形成一个合理的博弈空间。其风险成本的核算与选择将交由市场各方自我完成与承担。第二，通过业务创新引导。这是指通过银行等金融机构创新金融业务，用银行信用去引导、规范民间的借贷需求。由于在信誉、操作规范、法律保护等方面，银行都大大优于非正规金融组织，因此人们为了寻求法律保护和资产安全，也为了寻求这种交易活动的合法性，大多愿意通过银行等金融机构进行投融资业务，从而促使不规范的金融业务纳入规范，不合法的金融业务转入合法。第三，建立相应的组织引导。这是指在放松管制的条件下，积极设立新的金融组织，将民间资金吸引到新的金融组织中来，以便进行规范化管理和有效监督，对于引导民间资本的走向具有积极的意义。第四，参与正规改制引导。这是指引导民间资金参与正规金融的改制，如引导民间资金参与农村信用社、城市信用社、农村商业（合作）银行、城市商业银行等正规金融机构的改制。采用吸纳民间资本入股的方式，将原先运行于地下的社会闲散资金吸引到合法的投资轨道上来，使其运用合法化。

九、完善非正规金融发展的制度建设

（1）完善存款保险制度。不论是民间借贷、各种标会、私人钱庄，还是民营银行，都需要一定的保障机制来保障存款人的利益，这种机制就是存款保险制度。有人曾经提出过担心，认为实行存款保险制度会造成民营银行的道德风险，使经营好的银行为经营差的银行埋单。其实，只要进行科学合理的制度设计，这类问题是可以解决的。但如果没有存款保险制度，存款人的利益就得不到保障，民营金融就发展不起来。实行存款保险制度的目的是保证存款人的利益，并不是保证每个参与保险的金融机构都能不折不扣地得到补偿。所以，金融机构一旦因主观原因出现经营危机，保险机构有权要求其退出存款保险体系，或由其他金融机构对其接管或兼并，从而把银行经营不善引起的风险降到最低程度。

（2）完善利率市场化与贷款担保制度。就目前来说，我国尚未实现利率的完全市场化，所以，银行仍旧只愿意贷款给国有企业，而不愿意贷款给民营企业。一方面，政府要尽快创造条件，实现利率市场化，让资金价格来调节资金流向，从而实现资金供求平衡；另一方面，政府应鼓励、支持和规范民间担保公司的发展，使其更好地为民营企业融资服务。政府建立担保公司，支持中小企业发展，应充分利用和整合现有资源，而不是把民间担保公司整垮或挤出市场。相对于民营企业的巨大资金需求来说，目前的贷款担保公司不是多了，而是少了。贷款担保公司作为民间金融的一种制度保障，应当得到鼓励与支持。

（3）完善征信制度。征信制度是金融机构降低风险和民间资本进入正规融资体系的重要制度保障。我国的金融监管部门应建立包括企业法人、个体工商户、私营企业、合伙制企业、自然人在内的信用数据库，随时向客户提供有不良信用记录的黑名单，以保证金融交易中有关当事人的利益。

（4）建立市场准入制度和信息披露制度。金融业是一个高风险行业，对进入者必须有严格的规定，如注册资本、经营场地、经营范围等；另外，在原有民间金融机构正规化的过程中，它们过去是否守法经营、有无损害存款人利益的行为等，都是它们可否进入金融业的重要条件。因此，建立金融业的市场准入制度和信息披露制度是十分必要的。

（5）建立对责任者的惩戒制度。民间金融机构的风险不仅来自借款者，而且来自民间金融机构本身。如何防范银行经营者的道德风险是发展民间金融必须解决的问题。因此，政府必须对银行经营者建立惩戒制度，以强化其责任意识，保证其合法经营并主动防范金融风险。

（6）发展投资基金和信托基金。我国银行系统集中了大量的个人财富，如何充分利用这些民间资本进行经济建设，目前有些地方已经进行了一些有益的尝试。例如，上海将信托基金、民间资本（个人储蓄存款）购买基金投入基础设施建设，使民间资本进入原来的国有经济领域，既实现了所有制结构的调整，又实现了融资方式的变革，一举两得。因此，政府要把更多的国有企业经营领域放手给非公有制企业来经营，为非公有制企业提供更宽松的经营环境和更多的融资方式。居民将其储蓄购买投资基金、信托基金，政府通过市场运作方式，引导民间资本流向原来的国有部门，实现对国有部门股权结构和经营机制的转换。这样既可以提高原国有部门的经营效率，又符合我国市场经济体制改革的方向。

（7）发展三板市场。三板市场的目标就是要弥补主板市场和二板市场不能充分有效配置民间资本的不足，从而最大限度激发民间资本的增值能力，促进企业的股权流动。因此，要尽快发展三板市场，引导更多的民间资本进入三板市场，流向民营企业，是促进资金供求平衡的有效办法。

十、建立监管框架，加强风险监管

（1）优化监管资源，完善监管制度。要适应农村中小金融机构和业务发展的需要，不断充实监管力量，合理配置监管资源，适时完善相关监管法规，构建有利于新型农村金融机构组建、运营和发展的监管环境。根据机构特点，采用属地监管、并表监管、联动监管等相结合的监管方式，以及不同方式、不同频度的非现场监管和现场检查手段，严格防范信用风险、操作风险等，促进机构合规、稳健发展。建立支农服务质量评价和考核体系，引导和推动机构开发适应农村经济发展和区域产业特点的金融产品，努力做好“三农”和小企业金融服务工作。

（2）开展审慎的分类监管。要将农村金融机构划分为好、中、差三个层次，然后采取分层监管的措施。对于好的金融机构，要给政策、帮改制、促发展；对于中等的金融机构，要保成果、打基础、上台阶；对于差的金融机构，要多支持、加力度、解风险。对村镇银行实施全面的审慎监管；对需要贷款的公司的投资能力进行监管，强化对投资人的资格审查；对农村互助社实行社员自律性管理，积极探索以自律管理为基础、以银监会监管为主体、以地方政府风险处置为保障、以社会公众监督为补充的相互配合的监管格局，确保新型农村信用机构健康发展。

（3）加强对重点领域的监管。当前农村金融机构最大的风险是信用风险和操作风险。政府应对信用风险和操作风险做好相应的监管，铲除这两大类风险产生的根源。突出补充资本约束和纠正制度，限期达到资本充足率监管目标，促进农村金融机构审慎经营和理性扩张；突出分工合理，健全相互制衡的运作机制，提高科学决策水平。

（4）健全风险处置机制。加强风险管理，建立与机构特点和业务规模相适应的风险管理框架和组织机构，加强对信用风险、操作风险和流动性风险的预测和管控。实行审慎、规范的风险资产分类制度，全面准确反映资产形态，始终将贷款损失准备充足率保持在100%以上。建立具有约束机制的农村金融机构分类纠正和处置制度，重点开展以市场兼并为主、以强制退出为辅的市场退出机制。

（5）严厉打击非法金融活动。由于非正规金融自身存在着缺陷，加之其处于金融监管当局的正式监管之外，因此非正规金融较易被不法分子所利用，进而可能产生较大的负外部性。这就要求我们对那些严重损害投资者利益、破坏金融秩序和社会稳定的非法金融活动进行坚决的打击，切实保护投资者的利益和金融秩序的稳定。

参 考 文 献

巴红静，2013. 中国农村金融发展研究［M］. 大连：东北财经大学出版社.

陈雪飞，2007. 农村金融学［M］. 北京：中国金融出版社.

范肇臻，2008. 中国军工改革与发展金融支持研究［M］. 北京：经济科学出版社.

甘少浩，张亦春，2008. 中国农户金融支持问题研究［M］. 北京：中国财政经济出版社.

李树生，何广文，2008. 中国农村金融创新研究［M］. 北京：中国金融出版社.

李永平，2012. 中国农村金融制度变迁与经济主体行为研究［M］. 北京：经济科学出版社.

刘磊著，2016. 农村金融改革与发展研究［M］. 北京：中国财富出版社.

刘玲玲，杨思群，2007. 中国农村金融发展研究［M］. 北京：清华大学出版社.

刘民权，2006. 中国农村金融市场研究［M］. 北京：中国人民大学出版社.

刘仁伍，2006. 新农村建设中的金融问题［M］. 北京：中国金融出版社.

罗剑朝，等，2015. 农村金融创新团队系列丛书农村金融发展报告［M］. 北京：中国金融出版社.

吕勇斌，2015. 农村金融发展的空间分析［M］. 广州：中山大学出版社.

宋斌文，2006. 当代中国农民的社会保障问题研究［M］. 北京：中国财政经济出版社.

宋宏谋，2003. 中国农村金融发展问题研究［M］. 太原：山西经济出版社.

田俊丽，2007. 中国农村金融体系重构［M］. 成都：西南财经大学出版社.

王曙光，2006. 农村金融与新农村建设［M］. 北京：清华大学出版社.

王双正，2008. 中国农村金融发展研究［M］. 北京：中国市场出版社.

王永龙，2007. 中国农村金融资源配置研究［M］. 北京：中国社会科学出版社.

岳意定，2008. 改革和完善农村金融服务体系［M］. 北京：中国财政经济出版社.

张承慧，潘光伟，等，2019. 中国农村金融发展报告 2017—2018［M］. 北京：中国发展出版社.

张余文，2005. 中国农村金融发展问题研究［M］. 北京：经济科学出版社.

中国农村金融学会，2008. 中国农村金融改革发展三十年［M］. 北京：中国金融出版社.

周继太，韩仁元，杨大平，1999. 农村金融发展系统论［M］. 海口：南方出版社.